Uta
Eisenhardt

Vier Zimmer Küche Boot

Eine Familie
zieht aufs Wasser

Delius Klasing Verlag

Inhalt

Für unsere Mütter – meine Mutter und meine Schwiegermutter –, die unser Hausboot-Projekt vorbehaltlos unterstützt haben.

Vorweg

Heute beginne ich ein »Alfred«-Buch, schrieb meine Freundin Sylvi in einer kreativen Nacht auf ein weißes DIN-A4-Blatt. Seit zwei Jahren haben wir »Alfred«, unser Hausboot, und das kam so: Die ersten Hausboote habe ich in Oxford gesehen. Ab diesem Zeitpunkt wusste ich, was ich im Englischunterricht antworten sollte, wenn man mich fragt: »Was würdest du kaufen, wenn du sehr viel Geld hättest?« Ich würde mir sofort ein Hausboot kaufen, um darauf zu leben.

Später zeigte ich meinem Freund die Wohnschiffe in Berlin. Er war sofort begeistert. Wir strolchten immer wieder dorthin, schauten uns auf dem Gebrauchtboote-Markt um und träumten. Alles war vollkommen fremd, wir wussten nichts. Einmal wollten wir ein 40 Meter langes Schiff in Hamburg kaufen. Es wäre jedoch sehr teuer gewesen, das nach Berlin zu bringen, und wir hatten natürlich keine Ahnung, wo wir es lassen sollten.

Wir sind sehr naiv an die Sache herangegangen. Darin lag aber auch unsere Chance. Wir hätten »Alfred« nie gekauft, hätten wir damals ein bisschen Durchblick gehabt und gewusst, was auf uns zukommt. Außerdem gibt es die Wahrheit über Hausboote gar nicht. Alle, die wir gefragt haben, waren verschiedener Meinung.

An dieser Stelle endet das »Alfred«-Buch, für längere Texte fehlt meiner Freundin die Geduld. Dennoch bringen ihre wenigen Zeilen die Sache auf den Punkt: Wer ein Hausboot kauft, muss Mut aufbringen. Mut, sich auf Unbekanntes einzulassen, und Mut, für seine Wohnform nicht nur beneidet, sondern auch belächelt oder gar bekämpft zu werden.

Insbesondere seitens der Stadtplaner weht ein scharfer Gegenwind: Flussufer sind öffentliche Räume für Erholung und Naturschutz. Dieser Umstand sei mit der Anwesenheit von Hausbooten nicht in Einklang zu bringen, so die Beamten. Die Realität ist anders: Spaziergänger und Wassersport-

Mit dem Beiboot: Kurs »Helene« (vorhergehende Doppelseite).

9

ler reagieren auf die Wohnschiffe mit Neugier, die Tiere nutzen sie als Brutstätte, als geschütztes Versteck sowie als Algen- und Muschellieferanten.

Stadtplaner halten das Wohnen auf einem Hausboot für elitär und nicht für eine Form selbstbestimmten Lebens, die möglichst vielen Menschen zugänglich sein sollte. Dementsprechend heißt es in der Uferkonzeption für den Berliner Stadtbezirk Treptow-Köpenick: »Solange in der Stadt noch Flächen für Wohnen vorhanden sind, kann eine Notwendigkeit, auf Wasserflächen auszuweichen, nicht abgeleitet werden.« Eine solche Wohnungsnot bestand das letzte Mal nach dem Zweiten Weltkrieg, als in Berlin etwa 4000 Menschen Zuflucht auf Schiffen fanden.

Dabei finden die Beamten alternative Wohnformen durchaus berechtigt, diese bereichern schließlich das Stadtbild. Nur sollten Hausboote ihrer Ansicht nach vorzugsweise an privaten Ufern liegen. Uns ist nach langem Suchen in der wasserreichen Hauptstadt bislang nur einmal ein Grundstücksbesitzer begegnet, der sich offen für eine – zeitlich befristete – unkonventionelle Nutzung seines Eigentums gezeigt hat.

»Vier Zimmer, Küche, Hausboot« berichtet von diesem Spannungsfeld. Außerdem beschreibt es skurrile und abenteuerliche Erlebnisse mit, auf und neben unserer »Helene« und enthält Geschichten, die andere Berliner Hausbootbesitzer mir anvertrauten.

Das Buch soll die vielen Fragen beantworten, die uns immer gestellt werden, angefangen bei »Wie kommt man auf die Idee, auf einem Schiff zu leben?« über »Ist es im Winter nicht zu kalt?« und »Gibt es auf dem Schiff auch Ratten?« bis hin zu »Schaukelt das Schiff stark?« und »Könnt ihr mit eurem Schiff auch fahren?«

Ich will die schönen und weniger schönen Momente dieser Wohnform schildern, will meinen Lesern das Leben auf dem Boot näher bringen, das einerseits normal und alltäglich verläuft, andererseits ganz anders ist als das Leben in einem Haus.

Einige wird das Buch ermutigen, sich selbst den Traum vom Leben auf dem Wasser zu erfüllen. Manchem Romantiker mit zwei linken Händen wird es vielleicht von dieser Idee abhalten und dazu bewegen, sich nach einer passenderen umzusehen.

Allen jedoch wünsche ich viel Vergnügen beim Lesen!

Uta Eisenhardt

Erstes Date mit »WS 3454«

M ein Blick fiel auf unsern Kleinsten. Ein übler Gestank kroch aus Oscars Windel, dessen Inhalt sich bereits in Richtung Halskrause bewegte. »Vollschiss«, dachte ich. »Gerade jetzt!« Seufzend schaute ich meinen Mann an. Felix stand im Türrahmen unseres Pensionszimmers – seine Tasche mit Lampe und Werkzeug umgehängt –, an der Hand unseren ältesten Sohn Tom. Keine Frage, er wollte los. Keine volle Windel der Welt würde ihn stoppen.

»Ich komme nach«, seufzte ich, schnappte mir den Hosenscheißer und ging ins Bad. Verschmutzte Montur ausziehen, den kleinen Kerl abbrausen, abtrocknen, wieder neu

Winter 2003, Arneburg. WS 3454 wartet auf Käufer.

Sommer 2010, »Helene« von innen – aufgeräumt und vorzeigbar (vorhergehende Doppelseite).

anziehen – 20 Minuten würde es wohl dauern. Ich brauchte Glück, wenn ich noch einen kurzen Blick ins Innere des Schiffes werfen wollte.

Eine halbe Stunde später saß der frisch gesäuberte Oscar auf meinen Schultern, während ich zum Ufer der vereisten Elbe stapfte. Dort lag das Schiff an mächtigen Dalben vertäut, ein 32 Meter langer und fünf Meter breiter grüner Stahlkasten mit quietschroten Lüftern, die sich auf dem Dach drehten. Eine kleine Rauchwolke stieg in den wintergrauen Himmel, sie kringelte sich aus einem Schornstein empor, der sich ebenfalls auf dem Schiffsdach befand. Wie in einem Haus. Mein Blick fiel auf die weißen Gardinen aus Plastiktüll, die an der Steuerbordseite hinter sieben kleinen Fenstern hingen. Dieses Schiff wirkte schon von außen recht wohnlich, ganz anders als das Peilschiff oder der Tonnenausleger, die wir im Sommer besichtigt hatten und in deren Innern wir über riesige Motorblöcke und Aggregate geklettert waren. Ein Leben mit zwei kleinen Kindern konnten wir uns darauf nicht vorstellen.

Aber dieses hier – »WS 3454« – war anders. Es war schon immer zum Wohnen bestimmt gewesen, wenn auch dessen bisherige Bewohner keine besonders großen Ansprüche an die Schönheit ihrer quadratisch-praktischen Unterkunft gestellt hatten. Es waren Bauarbeiter, die im Schichtdienst die Wasserstraßen der Deutschen Demokratischen Republik instand gehalten hatten. Im Dezember 2003 sollte das 23 Jahre alte Bauhüttenschiff verkauft werden.

Zehn Interessenten hatten es sich bereits angeschaut. Vier Stunden vor Auktionsschluss war Felix der Letzte, der durch »WS 3454« gegangen und unter dessen Deck gekrochen war, seinen prüfenden Blick auf den Stahl geheftet, mit dem Schraubenzieher mal hier und mal dort kratzend, um zu prüfen, wie tief sich der Rost in das Material gefressen hatte.

Als ich mit Oscar am Flussufer erschien, verabschiedete er sich gerade von dem Verkäufer, der »bedauerlicherweise, leider, leider« die Schiffstür nicht länger geöffnet halten konnte. Mein Mann ging mit Tom von Bord, ich musste mich mit der Außenansicht begnügen. Wieder seufzte ich, schon das zweite Mal an diesem Morgen.

»Und, wie war's da drinnen?«, erkundigte ich mich bei meiner Vorhut.

»Ganz viele Zimmer sind da«, berichtete Tom. »Und ganz viele Betten. Jeder bekommt drei oder vier.«

Felix fasste sich kürzer: »Wir brauchen ein Faxgerät.«

»Wir bieten?«, fragte ich.

»Ja, das Schiff hat ziemlich viel Rost, aber nur oberflächlich. Die Substanz ist gut.«

»Okay. Und wir erfahren wirklich erst hinterher, wie viel die Konkurrenz geboten hat?«

»Ja«, sagte Felix. »Dann wissen wir, ob wir uns ärgern dürfen. Entweder zahlt der glückliche Käufer nur ein paar Euro mehr, als wir aufgerufen haben, oder wir sind die glücklichen Käufer, haben aber viel mehr gezahlt, als nötig gewesen wäre, um die andern auszustechen. Das nennt sich ›blind bieten‹.«

»Die Chancen, sich zu ärgern, stehen also ziemlich gut«, fasste ich zusammen. »Hast du den Verkäufer mal gefragt, von welchem Preis er ausgeht?«

»Er rechnet mit mindestens 7000 Euro.«

»Also müssen wir 10 000 bieten.«

»Ich würde es wie bei Ebay-Auktionen machen und lieber eine krumme Summe nehmen«, meinte Felix. »Was hältst du von 10 076?«

»Dann bin ich für 10 137 Euro.«

Es war Montag und mittlerweile zehn Uhr. Bis 13 Uhr musste unsere Offerte beim Verkäufer eingegangen sein – per Fax. Ob wir es pünktlich zu unserem Faxgerät im heimatlichen Berlin schaffen würden?

»Wir fahren auf eine Autobahnraststätte«, entschied Felix. »Die werden wohl ein Faxgerät haben!« Ich war fest davon überzeugt, dass man uns selbst in der lausigsten Frittenbude ein Faxgerät servieren würde. Wenn Felix ein Ziel verfolgt, zählen keine Hindernisse.

Heck mit Ankerwinde. Die drei Türen führen zum Aggregatraum, zum Heizungsraum und ins Schiffsinnere.

In dieser Nacht schliefen wir unruhig. Das »WS 3454« war ein tolles Angebot, eines, das nicht alle Tage auf dem Bootsmarkt auftauchte. Wir hatten uns schon einige Schiffe angesehen, auf dem Rhein und der Spree, an der Ost- und Nordsee, Kutter und Barkassen, Schlepper und Fährschiffe. Die meisten hätte man erst aufwendig umbauen müssen, zu aufwendig für den Preis, den ihre Besitzer verlangten.

Zuletzt hatten wir über den Kauf der »Anastasia« verhandelt, einer kleinen Schiffspension mit einem bestechend schönen runden Bug. Der aus der Kaiserzeit stammende ehemalige Lastkahn war ein richtiges Schmuckstück. Seinen wohnlichen Aufbau hatte er zu DDR-Zeiten bekommen, Ende der Neunzigerjahre hatte ihn eine junge Frau zur Pension umgestaltet. Nun wollte sie zu ihrem Freund ziehen und ihr Leben als Schiffspensionsbetreiberin aufgeben.

Auf »Anastasia« hätte man sofort wohnen können. Die fünf Duschen, die in den fünf Gästezimmern eingebaut worden waren, wollte Felix zu Kleiderschränken umbauen plus einen Schrank für meine Schuhkollektion. Den Gedanken, mir mit dem Kauf dieses Schiffes eine lange Bauphase zu ersparen, fand ich äußerst sympathisch. Doch »Anastasia« war lediglich mit Styropor gedämmt worden. Man würde im Winter frieren und im Sommer schwitzen. Ein Umstand, den wir trotz meiner Abneigung gegen Baumaßnahmen künftig hätten ändern müssen und der sich im Preis niederschlagen sollte, wie wir fanden. Die Verkäuferin sah das anders. Dann entdeckte Felix »WS 3454«, und wir beschlossen, die Verhandlung um »Anastasia« vorerst auszusetzen.

Nun lagen wir wach und fantasierten über den Ausgang des Bieterverfahrens. Welches Schiff würde das Rennen machen? Die hübsche »Anastasia« oder das schlichte »WS 3454«? Sofort einziehen oder monatelange Bauarbeiten? In wenigen Stunden würden wir es wissen.

Am nächsten Vormittag jubelte Felix mir dann in den Telefonhörer: »Wir haben den Zuschlag bekommen! Uta, wir sind jetzt Schiffsbesitzer! Und stell dir vor, wir lagen nur 50 Euro über dem nächsthöheren Bieter!«

Neue Schiffsbesitzer.
Verantwortung für
rund 100 Tonnen
Stahl.

50 Euro? Also hatte mein Vorschlag den Ausschlag dafür gegeben, dass dieses große Schiff nun uns gehören sollte? Ich
konnte es noch nicht glauben. Bis jetzt war alles lediglich
eine Fantasie gewesen, ein Spiel mit den Möglichkeiten. Erst
jetzt wurde mir klar, dass wir nun auch Verantwortung übernehmen wurden, Verantwortung für rund 100 Tonnen Stahl.

Genesis

Die Idee mit dem Hausboot basierte eigentlich auf einem Missverständnis. Dieses entstand, weil Felix eine politische Willensbekundung ernst genommen hatte, eine Überlegung, die zwei Jahre zuvor in einem Sitzungssaal geäußert worden war. Drehen wir die Zeit dorthin zurück, lauschen und spähen durch ein Schlüsselloch in einen holzgetäfelten Saal in der Berliner Senatsverwaltung für Wirtschaft. Dort haben sich im Frühling 2002 etwa 60 Menschen versammelt, die in ihrem Berufsleben auf irgendeine Weise mit den Berliner Gewässern zu tun haben – beschlipste Beamte und Geschäftsführer, hemdsärmelige Tankstellenbetreiber, Bootsvermieter und Schiffsgastronomen, Mitarbeiterinnen aus Ämtern und Verwaltungen in Kostümen und Hosenanzügen. Die Sitzung hat bereits begonnen, gerade spricht der Präsident eines Sportverbandes.

»Ich erwarte, dass bei Ihrer neuen Konzeption nicht nur motorbetriebene Boote berücksichtigt werden, sondern auch muskelbetriebene. Das Wasser- und Schifffahrtsamt verbietet nämlich uns Ruderern und Kanuten auf vielen Kanälen die Durchfahrt!«

»Natürlich, Herr Präsident, werden wir auch die muskelbetriebenen Boote berücksichtigen«, versicherte der moderierende Staatssekretär.

»Es gibt viel zu wenig Liegeplätze in der Stadt«, beschwerte sich ein Hotelier.

»Da gebe ich Ihnen recht«, sagte der Staatssekretär.

»Die Genehmigungsverfahren für öffentliche Liegestellen sind schwierig und langwierig«, bemängelte die Dame von der Industrie- und Handelskammer.

Auch das bestritt der Staatssekretär nicht. »Ja, es ist notwendig, an dieser Stelle mehr Transparenz walten zu lassen.«

Berlin ist reich an
Wasser, aber arm
an Liegeplätzen für
Hausboote.

Jetzt schaltete sich der Vermieter von Motoryachten ein: »Die Tourismus-Werber müssen mehr Wasserkarten von Berlin verteilen.«

Ein Stadtplaner entgegnete: »Aber man darf doch das Wasser nicht nur als Wirtschaftsfaktor sehen. Es hat viele Funktionen, und die sind nicht alle gleichberechtigt! Bedenken Sie, dass der Naturschutz immer noch Vorrang hat!«

»In der Tat müssen wir da abwägen«, bestätigte der Staatssekretär.

Freiweg durfte jeder der Anwesenden seine Vorstellungen äußern, wie man die Berliner Gewässer in ein touristisches Lockmittel verwandeln könnte. Kein Gedanke sollte zu abwegig sein, um ihn nicht aussprechen zu dürfen. Auch Felix, der damals Veranstaltungen für die Stadt Berlin organisierte, saß in dieser illustren Runde. Anschließend holte ich ihn ab. Die Sitzung schien ihn völlig euphorisiert zu haben.

»Stell dir vor, die wollen Liegestellen für Hausboote schaffen!« Er zog ein paar Blätter aus seiner Tasche und hielt sie mir unter die Nase.

»Die Stadt muss sich stärker zum Wasser hin öffnen«, las ich. »Alternative Wohn- und Lebensformen an und auf dem Wasser wie etwa Hausboote, Restaurantschiffe oder Floating Apartments tragen zur Vernetzung von Wasser und Stadt bei. Beispiele aus den USA oder den Niederlanden verdeutlichen, wie solche Nutzungsformen integrative Bestandteile von Stadtentwicklung sein können.«

»Hm, ja«, machte ich, verstand aber nicht, was das mit mir zu tun haben sollte.

»Hej, stell dir vor, du liegst im Bett und hörst die Wellen, wie sie gegen dein Schiff klatschen. Dann wachst du auf, und an deinem Fenster schwimmen Enten und Schwäne vorbei!«, begeisterte sich Felix. »Oder du putzt dir die Zähne und siehst aufs Wasser, in dem sich das Sonnenlicht spiegelt! Das ist doch geil!«

Wir wohnten damals in einer Dachgeschosswohnung in Berlin-Mitte. Von unserer Terrasse schaute man auf den Mariannenplatz – die Wiege der Kreuzberger Hausbesetzerszene –, auf grüne Bäume und die malerische Kulisse der Thomaskirche. Wir fühlten uns hier wohl, wussten aber, dass die Wohnung für uns vier allmählich zu klein wurde.

Über das Wohnen auf dem Wasser hatte ich bis dahin niemals nachgedacht. Ich bin keine Wasserratte, Schwimmen finde ich langweilig, und bei hohem Seegang wird mir schlecht. Felix dagegen liebt die Wellen und das Meer, auf das er gern hinaussegelt, weil er nur hier die unendliche Freiheit empfindet, die zu seinem querdenkenden Geist passt. Und in diesen nistete sich nun eine Idee ein, die Idee vom eigenen Hausboot.

Neue Anschrift gesucht

Nordufer des Rummelsburger Sees: »Das ist doch ein schöner Platz!«

Schon von Weitem hatte Tom seinen Vater erspäht, der mit einem kleinen Motorboot auf die Schillingbrücke zusteuerte, an der wir uns verabredet hatten. Tom freute sich auf unseren kleinen Ausflug, wild hüpfend winkte er seinem Vater vom Ufer zu, sprang die Böschung herunter, wo Felix mit dem gemieteten Boot wartete. Vorsichtig kletterte ich mit unserem Baby auf dem Arm und dem Picknick auf dem Rücken hinterher. Einigermaßen wohlwollend ließ sich Oscar seine Rettungsweste umschnallen, dann schaukelten wir spreeabwärts.

Es war nicht einfach nur ein netter Ausflug, den wir an diesem heißen Augustsonntag unternahmen. Felix und ich

hielten nach einem Liegeplatz Ausschau, nach einem Liegeplatz für ein Schiff, das wir noch nicht einmal besaßen. Wir
suchten nach einer Stelle, an der das Ufer bereits zu einer
Kaikante umgebaut worden war, damit wir mit unserem
Schiff kein Schilf und keine Nist- oder Laichplätze zerstör-
ten. Außerdem sollte unser Heim niemanden behindern,
vor allem nicht den Verkehr auf dem Wasser. Wir waren optimistisch, solche Plätze in einer Stadt mit 195 schiffbaren
Flusskilometern zu finden. Tatsächlich konnten wir uns
unseren neuen Wohnort an etlichen Stellen vorstellen, an
denen wir vorüberfuhren. Nach jedem »Guck mal, dort ist
es doch schön!«-Ausruf drückten wir auf den Auslöser der
Kamera.

Unterdessen hatte die Sonne ihren Zenit erreicht, es wurde heißer und heißer. Oscar, der in seiner kleinen Rettungsweste fürchterlich schwitzte, schrie und ließ sich kaum
noch beruhigen. Auch ich war völlig entnervt von der Hitze
und dem Gebrüll. Dabei wollten wir uns doch noch einiges
anschauen!

Wie die Astronauten an Bord der havarierten »Apollo 13«
gingen wir die Liste unserer mitgebrachten Gegenstände
durch. Wie immer hatten wir für den Kleinsten die größte
Ausstattung dabei, sodass unser improvisiertes Sonnen-
segel schließlich aus einem Handtuch, einigen Stoffwindeln
und einer Schnullerkette bestand. Rasch legte sich die Meu-
terei, die eigenwillige Konstruktion war der Durchbruch für
unsere wichtige Mission.

Wir passierten Schleusen und Kanäle, bis wir durch den
alten Wehrgraben an der Tiergartenschleuse fuhren, vorbei
an den 13 Schiffen, die zu Berlins ältester und bekanntester
Hausbootsiedlung gehören. In Schleichfahrt passierten wir
die auf Pontons gelagerten Bungalows und Schiffsrümpfe
mit skandinavisch inspirierten Holzaufbauten. Jedes Schiff
sah anders aus. Neugierig schauten wir in manchen Innenraum und sahen Bewohner, die ihre Beine von der Terrasse
aus ins Wasser baumeln ließen. Diese Bilder waren so romantisch, sie strahlten so viel Glück und Zufriedenheit aus,

Südufer des Rum-
melsburger Sees mit
dem ehemaligen
Palmkernöl-
Speicher:
unrealisierte Stadt-
planungs-Idee von
»Floating Homes«.

dass ich das erste Mal wirklich begriff, welchen Traum wir verfolgten. Uns fehlte nur noch ein Schiff und ein Liege-platz.

Mittlerweile hatten wir herausbekommen, dass es grundsätzlich zwei Möglichkeiten gab, einen Liegeplatz zu bekommen. Wir konnten bei Marinas und Häfen nachfra-gen. Dort ist die Versorgung mit Strom und Wasser kein Problem, allerdings sind diese Liegeplätze in der Regel sehr teuer. Deutlich preiswerter ist ein Platz, an dem man nicht die Untermieterposition einnimmt. Für dessen Genehmi-gung sollten wir drei Behörden um Erlaubnis fragen: das zu-ständige Bezirksamt, Herrin des Uferbereiches, den Berliner Senat für Stadtentwicklung mit all seinen Unterabteilungen und schließlich das Wasser- und Schifffahrtsamt, denn die Spree ist eine Bundeswasserstraße, auf der die Schifffahrt nicht behindert werden darf.

Wir brauchten also ein dreifaches »Ja«, eines vom Bezirk, eines von der Stadt und eines vom Bund. Wer jemals mit

Behörden verhandelt hat, weiß, wie unrealistisch dieses Ergebnis ist. Dennoch probierten wir es.

Optimistisch reichten wir unsere zahlreichen Vorschläge bei der Senatsverwaltung für Stadtentwicklung und Umweltschutz ein. Eine Reaktion blieb aus. Wir schrieben nun an den Baustadtrat von Friedrichshain-Kreuzberg, dort besuchten unsere Kinder den Kindergarten. Der verwies uns zurück an die Senatsverwaltung für Stadtentwicklung. Wir beantragten also nochmals einen Liegeplatz, diesmal nur einen, der sich in der zu Friedrichshain gehörenden Rummelsburger Bucht befand – einem Seitenarm der Spree, der auf seiner westlichen Seite verlandet ist.

Wir erhielten sogar eine Antwort: »Für den gesamten Bereich der Rummelsburger Bucht wurde in meiner Verwaltung die Abstimmung getroffen, dass zunächst die bereits vorgestellte Konzeption eines Interessenten geprüft wird. Eine darüber hinausgehende weitere Inanspruchnahme der Gewässerflächen für bauliche Anlagen kann derzeit nicht berücksichtigt werden.«

Rummelsburger Bucht, Nordufer. Das könnte unser Blick nach Osten sein ...

Bei dem Interessenten handelte es sich um die Wasserstadt GmbH, einen treuhänderischen Entwicklungsträger
des Landes Berlin. Dieser sollte innerstädtisch und am Wasser gelegene Industriebrachen aufwerten und an Investoren
verkaufen. Eines dieser Entwicklungsgebiete war die Rummelsburger Bucht, in der an einem Kai von 100 Metern Länge
eine Siedlung mit acht schwimmenden Häusern entstehen
sollte, die sogenannten Floating Homes.

2002 initiierte die Wasserstadt GmbH einen Architektur-
wettbewerb: Die Entwürfe zeigten eine futuristisch anmu-
tende Wassersiedlung aus Glas und Beton, die von Seerosen,
Wasserstoff-Atomen, Kapitänsbrücken und Bootshäusern
inspiriert wurde. Bis zu 540 000 Euro sollte so ein Schwimm-
haus kosten, keine Preisklasse für unangepasste Hausboot-
Romantiker.

Diejenigen, die der Preis nicht schreckte, wurden von
den Behörden gestoppt. Diese wollten kein unbefristetes
Wohnen auf dem Wasser garantieren, was die finanzieren-
den Banken zur Bedingung erhoben hatten.

Mehrere Investoren versuchten sich an diesem einzigartigen Vorhaben. Einen von ihnen traf ich Jahre später zufällig auf einer Party. Er musste lachen, als er erzählte, dass er mit keinem seiner erfolgreichen Bauprojekte auf so viel Medieninteresse gestoßen war, wie mit den gescheiterten »Floating Homes«. Weit über die Landesgrenzen war die Kunde von den schwimmenden Häusern gedrungen, die letztlich nur eine Vision blieben. Nach Meinung meines Gesprächspartners habe den Behörden die Begeisterung für dieses Projekt gefehlt.

Wir hatten jedenfalls Anfang 2003 bei der Wasserstadt GmbH gefragt, ob wir uns mit einem eigenen Hausboot zu den »Floating Homes« gesellen dürften. Von dort hieß es, man befände sich noch »in der Klärung von Grundsätzen,

2004, Osthafen mit
»Helene«: Mit zwei
kleinen Kindern
in einen Industrie-
hafen?

die für die Vergabe von Liegeplätzen gelten sollten« und
bitte um Geduld.

Was war aus der Idee von der »stärkeren Öffnung der Stadt
zum Wasser« und den »transparenten, schnellen Genehmigungsverfahren« geworden?

Felix recherchierte weiter. Im März 2003 zeigte er mir
freudestrahlend ein Fax.

»Bootsliegeplatz im Osthafen«, las ich.

»Ich habe einen Liegeplatz für uns gefunden!«

»Du hast was?«

»Ich habe beim Osthafen angerufen und gefragt. Die
haben einen Liegeplatz für uns. Die Miete ist moderat, Wasser und Strom gibt's auch. Dort könnten wir liegen, bis wir
etwas anderes gefunden haben.«

»Das ist ein Industriehafen! Dort fahren Lkw und eine Bahn, da stehen Container und Kräne, die ständig Sand und Steine verladen. Dort willst du wohnen? Mit zwei kleinen Kindern?«

Für seine bahnbrechende Nachricht fiel ich meinem Mann nicht um den Hals. Das lag an der Rollenverteilung, die im Lauf der Zeit in unserer Beziehung stattgefunden hatte. Felix ist jemand, der jeden Tag Ideen entwickelt, gute und schlechte, tragfähige und unausgereifte, geniale und absurde – immer wieder neue. Ich bin diejenige, die davon als Erste erfährt, die sie sortiert und bewertet. Und da es so viele Ideen sind, liegt die Messlatte für das Qualitätssiegel »darüber sollte man nachdenken« sehr hoch.

Da ich mich in der Rolle der Ideen-Killerin nicht wohlfühle, gab ich nach. Schon bald inspizierten wir unsere potenzielle neue Wohngegend, den Osthafen in Berlin-Friedrichshain. Hier, wo sich einst Europas größter Binnenhafen befunden hatte, wo 40 mit jeweils 600 Tonnen beladene Schiffe gleichzeitig festmachen konnten, hier siedelten sich

Osthafen. Liegeplatz mit Briefkasten und Fahrrad-Stellplatz.

seit zwei, drei Jahren neben ein paar verbliebenen Baustoff- und Logistikfirmen zunehmend Medienunternehmen wie »Universal«, »MTV« und die »Berliner Fernsehwerft« an. Als wir zur Besichtigung eintrafen, sahen wir zwar noch einige Verladekräne und Schienen für die Transportbahn, die quer übers Gelände führten. Doch dem 90 Jahre alten Hafen war deutlich anzumerken, dass er immer weniger als Güterumschlagplatz genutzt wurde. Zwei Jahre später wurde der Betrieb gänzlich eingestellt und die Filetgrundstücke mit Flussblick an Investoren verkauft – eine Entwicklung, die für uns nicht positiv sein sollte.

An diesem Tag aber waren wir einfach glücklich, dass uns der Hafen freundlicher erschien als angenommen. Wir stellten uns vor, wie wir hier festmachen würden – kurz vor der Oberbaumbrücke mit ihren pittoresken Türmchen über einem mittelalterlich anmutenden Kreuzgang und vis-a-vis dem Badeschiff, einem mit fast 400 Kubikmetern Wasser gefüllten Ponton, sowie den »Molecule Men«, drei überdimensionalen Silhouetten aus durchlöcherten Aluminiumplatten, die das Verschmelzen menschlicher Moleküle symbolisieren und den in der Nähe befindlichen Punkt markieren, an dem die drei Stadtbezirke Friedrichshain, Kreuzberg und Treptow aneinanderstoßen.

Endlich hatten wir einen Liegeplatz gefunden. Fehlte nur noch ein Schiff.

Kredit-
Mathematik

Kurz vor Weihnachten 2003 ging »WS 3454« in unseren Besitz über. Wir nannten es »Helene«, das war
der Mädchenname, den wir am Anfang meiner ersten Schwangerschaft ausgesucht hatten und der nach der
Geburt unserer beiden Söhne quasi übrig geblieben war.
Es bedurfte keiner langen Diskussion ihn nun als Schiffs-
namen zu verwenden, schließlich war auch das Hausboot
ein gemeinsames Baby.

Kleine Schneeflocken tanzten durch die Luft, als wir ver-
gnügt an die Elbe fuhren, um unser Eigentum genauer zu
inspizieren. Im Gepäck hatten wir Zollstock, Stift, Papier

*Abgeblätterte
Farbe. Rost und alter
Anstrich müssen in
einer Werft entfernt
werden.*

und eine Videokamera. Als ich über den Landsteg schritt, registrierte ich ein ungewohntes Federn unter meinen Füßen. Doch der Steg war breit und stabil, obendrein noch mit einem kleinen Handlauf gesichert, nicht so eine selbst gezimmerte Hühnerleiter, auf der ich heute tagtäglich balanciere.

An Bord hatte ich die Wahl zwischen drei massiven Stahltüren. Die rechte und die linke Tür trugen vielversprechende Aufschriften wie »Aggregatraum« und »Heizraum«, darunter stand »Vorsicht Stufe!« und »Betreten für Unbefugte verboten!«. Ich öffnete die mittlere Tür, die ohne jeden Warnhinweis auskam. Es roch nach Osten, jenem selten gewordenen Duft nach Bohnerwachs und Plastik-Fußbodenbelag, der sich hier konserviert hatte. Links hinter der Eingangstür befand sich der Sicherungskasten. In seinem Inneren schnurrte deutlich vernehmbar ein Trenntrafo. Der trennt bei Schiffen mit Landstromanschluss das elektrische Potenzial des Landes von dem des Schiffes – andernfalls wäre die Stahlhülle schutzlos der elektrolytischen Korrosion ausgeliefert und würde sich allmählich durch sogenannten Lochfraß zersetzen.

Ich brauchte erst einmal Licht. Kurz unter der Decke fand ich den Schalter, mit dem ich die schönen in die Decke eingelassenen Lampen zum Leuchten brachte. Das Licht spiegelte sich in den glänzenden, holzimitierenden Sprelacart-Wänden, dem DDR-Pendant zum westdeutschen Resopal. Auf der »Helene« hatte man damit die Seiten eines beeindruckend langen Ganges verkleidet. Erst nach über 20 Metern endete er in einem kleinen Speisesaal, der Messe.

Bis ich dorthin vorgedrungen war, hatte ich mehr als ein Dutzend Türen passiert. Sie führten in verwaiste Umkleiden, in denen noch die gelben Gummistiefel und Regenjacken der Vorbesitzer hingen, in Toiletten, Wasch- und Materialräume sowie in sieben unglaublich kleine Schlafkabinen, jede zwei Meter lang und drei Meter breit. Nur der Brigadier hatte das Privileg genossen, allein auf sechs Quadratmetern zu hausen. Die übrige Mannschaft musste sich immer zu viert in sechs Kabinen drängeln, jeder verfügte über einen Spind und ein halbes Doppelstockbett.

Nicht, dass die Herren miteinander kuscheln mussten. Sie nutzten vielmehr eine geniale Konstruktion: Mit einem Gurt wurde nämlich das Bettzeug der ersten Schlafschicht an der Matratze festgeschnallt. Dann betätigte man einen Fußhebel, löste damit die Arretierung der Betten, die sich jetzt frei in der Längsachse drehen ließen, so weit, bis sich die ehemalige Unterseite mit dem festgeschnallten Bettzeug der folgenden Schlafschicht oben befand. Jetzt Fuß vom Hebel nehmen, Arretierung einrasten lassen, und die Nächsten konnten sich in ihr Bett legen.

Felix und ich stellten uns den Schabernack vor, zu dem diese Konstruktion förmlich einlud. Man brauchte ja nur den Fußhebel zu betätigen, und schon schwankte die Koje eines müden Schläfers stärker, als jeder Orkan es vermocht hätte. Immer wieder traten wir auf die Fußhebel und amüsierten uns über die drehenden Betten. Vielleicht sollten wir eine dieser Kabinen im Originalzustand erhalten?

Als Erstes jedoch mussten wir uns um einen Kredit kümmern, um das Schiff vom alten Rost zu befreien und vor neuem zu schützen, um es gut zu dämmen und anschließend wohnlich auszubauen. 40 000 Euro sollten für den Anfang reichen, glaubten wir, und wandten uns an unsere Hausbank.

Natürlich begehrten wir für unseren Schiffsausbau die günstigen Konditionen eines Bauspardarlehens. Schnell begriffen wir, dass das keine Selbstverständlichkeit ist, denn in der Regel leben Menschen in Häusern. Darum beziehen sich auch sämtliche Bausparvertragsregelungen auf solche Wohnformen. Auch die Eigenheimzulage wurde uns später mit dieser Begründung verwehrt.

Andererseits hatten wir das große Glück, dass sich die zuständige Bankmitarbeiterin sehr für unser Projekt begeisterte, so sehr, dass sie extra für uns nach einem kleinen Passus im Gesetz über Bausparkassen suchte und ihn unter Anmerkung 19 schließlich fand. »Auch Wohnungen auf Binnen-

Kondenswasser-schäden: Die Decke ist am stärksten betroffen.

schiffen können zu Wohnungen im Sinne von Paragraph 1 Absatz 3 Nummer 1 zählen« lautete der magische Satz, der uns die Türen zum Bausparvertrag öffnete. Durch diese betrat ich zum ersten Mal in meinem Leben die Welt von »Zins« und »Tilgung«, eine Angelegenheit, die ich sehr verwirrend fand. Immer wieder fragte ich nach, ließ mir einzelne Passagen von der Bankmitarbeiterin und von Felix erklären.

Ich musste an meine Prüfung in Statistik denken, ein Pflichtfach für Soziologiestudenten. Die Vier, mit der ich damals einen Schlussstrich unter meine mathematische Laufbahn ziehen durfte, war ein reiner Gnadenakt, verbunden mit der Empfehlung, ich möge in meinem zukünftigen Berufsleben nie etwas mit der Auswertung von Statistiken zu tun haben.

Vielleicht lag es also daran, dass mir die Bankerin bei der Erläuterung unseres Kreditvertrages wie eine Hütchenspielerin erschien. Sie mochte uns und bemühte sich geduldig, aber allein diese Begriffe! »Zuteilungsreife«, »Sondertilgung«, »Beleihungsauslauf«, »Vorfälligkeitsentschädigung«, »Effektivzins« ... Irgendwann war es mir zu peinlich, weiter nachzufragen. Ich unterschrieb – mit einem super Bauchgefühl.

Dschunken unerwünscht

In der Hauptstadt gibt es sehr viel Wasser, oft fällt der Begriff vom »Klein Venedig«. Nach dem Krieg haben etliche Tausend Menschen auf Schiffen Unterschlupf gefunden, an den hiesigen Flussufern könnten leicht 300 bis 500 Hausboote Platz finden. Dennoch leben hier nur sehr wenige Menschen auf einem Schiff. Es gibt darüber keine Statistiken, ich persönlich schätze die Anzahl der Hausboote, die wie unseres das ganze Jahr über bewohnt werden, auf wenig mehr als 50. Ungleich mehr Menschen aber träumen von dieser Möglichkeit – und begraben ihren Traum wieder, weil er ihnen aus verschiedenen Gründen unrealistisch erscheint.

Sommeridylle im Rummelsburger See. Ein Tretboot ist kein Hausboot.

Manche besitzen zu wenig handwerkliches Geschick, um ihr Schiff zu pflegen. Bei anderen Begeisterten will der Partner oder die Partnerin nicht mit aufs Wasser ziehen. Die größte Hürde aber ist der fehlende Liegeplatz. Darüber können alle Hausbootbewohner eine lange Geschichte erzählen, auch Karsten und seine Frau.

Das Paar startete etwa zeitgleich mit uns ihr Schiffsprojekt. Gemeinsam fachsimpelten wir über Dämmung und Heizung, über Solarerträge und Gründächer, informierten uns über Fortschritte und Niederlagen und wetteiferten darum, wer zuerst auf seinem Kahn einziehen würde. Felix war dem umtriebigen Schiffsgastronomen auf jener Initialzündungs-Sitzung beim Senat für Wirtschaft begegnet und ein Jahr später bei einer Pressekonferenz.

Dort stellte der Staatssekretär für Wirtschaft das wassertouristische Konzept für die Hauptstadt vor. Optimistisch kündigte er diverse Vorhaben an, deren Umsetzung hinter vorgehaltener Hand stark bezweifelt wurden. Karsten agierte offener. »Ich habe lange überlegt, ob ich mich hier überhaupt zu Wort melde«, leitete er auf der Pressekonferenz seine Kritik an den Berliner Wasserbehörden ein, von der er hoffte, dass sie in dieser scheinbaren Aufbruchsstimmung gehört und angenommen werde. Er bemängelte die Genehmigungsverfahren, die zu kompliziert seien, vor allem deshalb, weil die verschiedenen Stellen kaum miteinander kooperierten. Viele Antragsteller würden aufgeben, darunter auch Investoren. Karsten hatte selbst sieben Jahre damit verbracht, die Genehmigungen für ein Restaurantschiff einzuholen.

Nach der Pressekonferenz sprach ihn Felix an und erzählte ihm von seinen Hausboot-Plänen. Er wusste nicht, dass sein Gegenüber ebenfalls den Traum vom Leben auf dem Wasser verfolgte. Im Gegensatz zu uns wollte Karsten nichts Bestehendes umbauen. Gemeinsam mit einigen Freunden plante er den Neubau einer kleinen Serie recht luxuriöser Schiffe mit eingebautem Motor. Sie durften nicht länger als 24,99 Meter lang sein, um noch als Sportboot zu gelten. So kann sein Besitzer ohne die Hilfe eines Profikapitäns von seinem Liegeplatz aus alle schönen Ecken in seiner Umgebung anfahren – wenn er die höchste Sportbootführerscheinklasse für Binnenschiffer besitzt, das sogenannte E-Patent.

Der Prototyp eines dieser üppig verglasten Schmuckstücke sollte zunächst 150 000 Euro kosten, ein super Angebot. Damals konnten wir uns aber noch nicht vorstellen, dass ein gut ausgebautes Schiff etwa so teuer wie ein Haus ist, und lehnten ab. Diese Entscheidung haben wir nicht bereut, denn genau wie wir hatte auch Karsten sein Budget anfangs zu optimistisch eingeschätzt. Außerdem sind die »Flussreich«-Boote schön, verfügen aber nur über 70 Quadratmeter Wohnfläche – zu klein für eine vierköpfige Familie, die dauerhaft dort leben und sich nicht auf drei T-Shirts und drei Teller für jeden Bewohner beschränken möchte.

Für seine Schiffe wollte Karsten eine Anlegestelle in der Rummelsburger Bucht errichten. Die Genehmigung dafür hatte das zuständige Bezirksamt von der Akzeptanz seiner zukünftigen Nachbarn abhängig gemacht. Auf einer Versammlung erklärten er und seine Frau, wie sie sich die Steganlage vorstellten. Auf die Reaktionen, die sie daraufhin erhielten, waren sie nicht gefasst. »Ihr mit euren Dschunken und Hunden! Ihr verschandelt den See! Euch wollen wir nicht!«, riefen ihm die aufgebrachten Anwohner zu. Am liebsten hätte man sie gesteinigt, berichteten uns die beiden. Dabei hatten sie offenbart, wer sie sind, ebenso die Zeichnungen von ihren schönen Booten mit Solaranlagen und Gründächern gezeigt. Die Anwohner konnten sie damit nicht überzeugen. Diese meinten wohl, ein Hausboot sei immer ein rostiger Lastkahn, so wie jene beiden jämmerlichen Exemplare, die seit Mitte der Sechzigerjahre in der Rummelsburger Bucht lagen.

Auf diesen wohnte ein alter Mann mit seinen sechs Hunden. Für seine Lieblinge hatte er Hütten gebaut und auf sein Schiffsdach gestellt. So lebte er in dem von Abwässern verseuchten Gewässer, die seit der Industrialisierung hemmungslos in die Bucht eingeleitet worden waren. Schwermetalle und giftige Chemikalien hatten sich auf dem Grund abgelagert. Kurz vor der Jahrtausendwende war dann aufwendig eine fast ein Meter dicke Schlammschicht abgetragen, Schilf gepflanzt und Sauerstoff in das Gewässer eingeleitet worden, das sich allmählich erholte. Plötzlich lebte der alte Mann in einer begehrten Wohngegend, in die seine ungepflegten Schiffe nicht mehr passten. Er genoss Gewohnheitsrecht, offensichtlich konnten ihn die Behörden nicht zum Umzug zwingen. So hofften die Beamten auf das, was sich in dem Moment realisierte, als der Siebzigjährige tot in einem der sommerlich aufgeheizten Kähne gefunden wurde, während seine hungrigen Hunde mit dem Bellen nicht mehr aufhören wollten. Ungewöhnlich rasch erfolgten der Abtransport der beiden Schiffe und die Demontage des dazugehörigen Stegs.

Karsten und seine Frau mussten die Ablehnung der Buchtanwohner gegen jedwedes Wohnschiff akzeptieren. Später fanden sie eine ungenutzte Sportboot-Anlegestelle in Schöneweide, im tiefsten Osten Berlins. Diese konnten sie von dem früheren Eigentümer übernehmen. Dort überkletterten eines Nachts ein paar Zerstörungswütige den Zaun, lösten die Festmacherleinen und begeisterten sich über das stromabwärts treibende Schiff. Glücklicherweise bemerkten die Hausbootbewohner das Desaster, bevor sich ihr Heim unter der nächsten Brücke verkeilte oder an einer Kaikante beschädigt wurde.

»Helene« entert Berlin

Sobald das Eis im Winter 2003/2004 geschmolzen war, sollte die »Helene« von der Elbe über die Havel in die Spree geschoben werden. Das Wohnschiff besitzt nämlich keinen eigenen Antrieb. Es gibt zwei Möglichkeiten, es zu bewegen: Handelt es sich nur um wenige Hundert Meter, wird es am Ufer entlanggezogen. Inzwischen haben wir einige Übung darin. Die Szenerie erinnert an das Gemälde »Die Wolgatreidler« von Ilja Repin: Ein knappes Dutzend von Armut und Hoffnungslosigkeit gezeichnete Männer legen sich mit all ihrer verbliebenen Kraft in die Gurte, die sie über ihre Schultern gehängt haben, und ziehen ein großes Segelschiff stromaufwärts. Wenn wir unser Schiff zu dritt oder viert durch die nicht allzu schnell strömende Spree treideln, setzen wir nicht so ganz so verzweifelte Mienen auf. Doch wir müssen uns ebenfalls mit aller Kraft in die Seile legen, um unser 100-Tonnen-Heim in Bewegung zu versetzen.

Ist die zurückzulegende Strecke länger oder muss ein breiteres Gewässer durchquert werden, fordern wir ein sogenanntes Schubboot an. Es ist vergleichbar mit der Sattelzugmaschine eines Lastkraftwagens, ein kleiner, aber hoch motorisierter 140-PS-Kraftprotz. Dieser fährt ans Heck unseres Wohnschiffes. Die Besatzung übergibt zwei mächtige Stahlseile mit drei Zentimetern Durchmesser, legt sie rechts und links um zwei Poller, die sich auf unserem Wohnschiff befinden, und führt sie auf das Schubboot zurück. Mit einer Ankerwinde werden die beiden Stahlseile vom Schubboot aus festgezurrt, so bilden die beiden Schiffe eine Einheit, den sogenannten Schubverband. Auf diese Weise kann unser Wohnschiff kilometerweit über die Flüsse manövriert werden.

Bauphase. Auf der »Helene« stapeln sich Müll und Materialien.

160 Kilometer legte es auf seiner Reise von der Elbe an die Spree zurück, einen Tag und eine Nacht war der Schubverband unterwegs. Fast 2000 Euro kostete uns der Transport, fünf Prozent unseres Budgets. In Berlin setzten die Schiffer unser zukünftiges Heim in der Werft ab, die das Schiff bis auf die nackten Stahlwände entkernen sollte.

Wir hatten beschlossen, sämtliche Einbauten herauszureißen und keines der beidseitig beschlafbaren Doppelstockbetten zu behalten. Nur die Holz imitierenden Sprelacart-Platten im deutlich verkürzten Flur durften bleiben, wo sie bis heute einen Hauch Ostalgie verströmen.

Der Rest verschwand in Schuttcontainern. Um Kosten zu sparen, wollten wir wenigstens den Sperrmüll, den man kostenlos entsorgen lassen konnte, zur Berliner Stadtreinigung bringen. Das war meine Aufgabe. Mehrmals stopfte ich Schicht um Schicht mit Matratzen, Bettdecken, Kissen, Lattenrosten, Türen und Kleinstmobiliar in unser geräumiges Familienauto, bis gerade noch der Platz auf dem Fahrersitz frei war. Eigentlich war auch dieser nicht mehr völlig frei, denn immer schwebte irgendetwas direkt über meinem Haupt oder klemmte in meinem Nacken. Mal konnte ich nur noch mit eingezogenem Kopf fahren, mal nur dicht ans Lenkrad gepresst. Bei meiner Abfahrt grinste Felix und winkte mir hinterher – mit ebenfalls eingezogenem Kopf oder einem imaginären Lenkrad, dass er direkt vor seinem Bauch hielt.

Langsam fuhr ich zu einem der umliegenden Recyclinghöfe. Deren Personal flößte mir jedes Mal Angst und Schrecken ein, hier lauerte die sprichwörtliche Höhle des Löwen. Obwohl überall in der Stadt die lustigen Motive der Imagekampagne »We kehr for you« hingen, obwohl überall ein kleiner, dicker Müllmann mit Brille als »Saturday Night Feger« um die Sympathie der Bevölkerung warb, waren die Mitarbeiter der Recyclinghöfe damals weit entfernt von den in Stellenanzeigen gesuchten »engagierten und flexiblen Mitarbeitern, die mit kreativen Lösungen zielorientiert den permanenten Veränderungsprozess gestalten«. Mit rüden Worten motzten sie jeden an, der sich in ihr Revier wagte.

Müll. Privat oder
gewerblich?

Hier waren sie die Chefs und diktierten ihre Regeln mit der legendären Berliner Schnauze – nur ohne jeden Humor.

Ich fuhr an die Eingangsschranke, um meinen Müll inspizieren zu lassen. Aufregung kroch in mir hoch und ein schlechtes Gewissen, als ob ich etwas über eine Staatsgrenze schmuggeln würde. Natürlich wurde meine Fuhre nicht ohne Diskussionen akzeptiert. »So ville Betten? Nee, Frollain, dit machen wa nich!«, donnerte die Stimme des Mitarbeiters. »Dit is nich privat, dit is jewerblich!« Die Annahme von gewerblichem Müll war kostenpflichtig, damit wären all meine Bemühungen umsonst gewesen. Mit all dem Charme, den ich in meiner verbogenen Haltung zu entfalten vermochte, erzählte ich ihm von unserem Hausboot und den vielen Doppelstockbetten mit den vielen Matratzen, auf denen so viele fleißige Bauarbeiter geschlafen hatten. Irgendwie gelang es mir, mit meiner Botschaft zu ihm durchzudringen. Ich durfte abladen, spürte aber, wie jeder meiner Handgriffe beobachtet wurde. Jetzt bloß keinen Fehler beim Einsortieren von Holz, Metall und Sperrmüll machen! Der Löwe konnte es sich jederzeit anders überlegen.

Fairerweise muss ich sagen, dass sich die Sitten auf den Recyclinghöfen mittlerweile deutlich verändert haben. Zwar erfasst mich beim Betreten eines solchen noch immer das frühere Unbehagen. Es verflüchtigt sich aber schnell angesichts der lächelnden oder maximal freundlich brummelnden Männer in Orange.

Schiffs-
spezialitäten

»H elene« war nackt. Die Werftarbeiter hatten die
Sprelacart-Platten, mit denen die Wände verklei-
det worden waren, das Holz und die alte, fünf
Zentimeter dicke Styropor-Dämmschicht herausgerissen.
Die Wände, die darunter zum Vorschein kamen, waren sche-
ckig vom Rost, besonders schlimm sah die Decke aus. Kein
Wunder.

Natürlich war WS 3454 im Innern ursprünglich mit einer
Farbe vor dem Rosten geschützt worden. Doch mangelte es
in der DDR an Aluminium, aus dem eine Dampfsperrfolie
besteht. So war in der kalten Jahreszeit die erwärmte Luft
direkt an den kalten Stahl gelangt und hatte dort ihr Kon-

*So sieht eine stäh-
lerne Schiffsdecke
ohne eingezogene
Dampfsperre und
Hinterlüftung aus.*

denswasser hinterlassen. Mit der Zeit wurde die Farbe porös und platzte auf, bis sie schließlich dem Rost das Feld überließ. Den hatten die Werftarbeiter jetzt abgeschliffen und anschließend eine Rostschutzfarbe aufgetragen. Damit war der Ausgangszustand wiederhergestellt, doch wir mussten uns etwas einfallen lassen, damit unser Schiff nicht erneut rostete.

Die Lösung bestand aus zwei Komponenten: aus einem hinterlüfteten Holzständerwerk und ebenjener Dampfsperre. Von beiden Dingen hatte ich noch nie gehört.

An die Wände müsse Luft herankommen, erklärte mir Felix. Aber nur die Außenluft, nicht die von der Heizung erwärmte und von Feuchtigkeit gesättigte Innenluft. Darum durchbohrte er die Seiten des Schiffes. Ich konnte kaum hinsehen, als er in regelmäßigen Abständen die Bohrmaschine an der unteren Bordkante ansetzte. Wer zerlöchert freiwillig sein Schiff? Felix beruhigte mich: Durch die Löcher käme Luft. Die würde im Innern an den Stahlwänden nach oben steigen, dabei die dort vorhandene Feuchtigkeit aufnehmen und durch spezielle Öffnungen auf dem Dach entweichen.

Außerdem sollte vor den Außenwänden ein Holzständerwerk aufgebaut werden. Das ist eine Art Fachwerkgerüst, in dessen Lücken 20 Zentimeter dicke, gepresste Steinwolle gestopft werden würde – damit die im Sommer aufgeheizte Stahlhülle uns nicht zum Schmoren bringen würde und wir die Winter nicht in einem Kühlschrank verbringen müssten. Vor die Ständerwerk-Steinwolle-Schicht käme dann noch eine Dampfsperrfolie, darüber endlich Platten aus Fermacell und Rigips. Die mussten noch verputzt und glatt geschliffen werden, bevor man endlich Farbe oder Tapete anbringen konnte.

Ein Haufen Arbeit.

Allein würden wir es nicht schaffen, wir mussten uns nach Handwerkern umsehen. Am vielversprechendsten erschien uns »Schmitti«, ein Mann mit Bart, Bauch und Brille. Seine Schlosserausbildung hatte er beim VEB Yachtbau Berlin gemacht, dementsprechend viel konnte er uns über unser altes Bauhüttenschiff erzählen, dessen baugleiche Brüder und Schwestern in seinem Ausbildungsbetrieb gebaut worden waren. Das überzeugte uns, Schmitti hatte scheinbar Ahnung von Schiffen. Dass seine Stärken mehr im Kommunikativen als im Handwerklichen und insbesondere nicht im Schweißen lagen, merkten wir erst, als wir ihn dabei beobachten konnten, wie linkisch und schwerfällig er arbeitete. Immerhin wusste er um sein Manko und suchte es mit der Verpflichtung von Andreas, einem sehnigen, unglaublich fleißigen und vielseitigen Trockenbauer, auszugleichen. Zu unserem Glück hielt Schmitti sich auch zurück, wenn es um präzise Schweißnähte ging. Dann besorgte er uns »Spezialisten«. Komplettiert wurde das Team von Thorsten, dem ansteckend fröhlichen Fliesenleger, der beim Bauen stets mitdachte – eine Fähigkeit, über die nicht alle Handwerker verfügen.

Thorsten war es auch, der mir von nun an fast jeden Tag eine Liste in die Hand drückte, auf der er aufgeschrieben hatte, welche Materialien ich besorgen sollte. Dabei ging es nicht nur um Standardprodukte wie Schrauben, Lötzinn, Silikon, Schläuche oder Schellen. Ich lernte nun, dass es beim Verlegen von Kupferrohr auf die sogenannten Fittings – die Passstücke – ankommt, ließ mich in der Beschaffenheit von Steinwolle unterrichten, begegnete erstmals sogenannten Ytong-Steinen und kaufte darüber hinaus noch sehr viele Artikel aus der Welt der Haus- und Sanitärtechnik, von denen ich bislang noch nie etwas gehört hatte. Stunde um Stunde verbrachte ich in jenem Sommer bei diversen Großhändlern und Baumärkten, löcherte deren mehr oder weniger kompetentes Personal, um anschließend meine Beute bei den Handwerkern abzuliefern.

Schuhe kaufen macht mir deutlich mehr Spaß.

TV-Stars

In der »Helene« sah es jetzt aus wie im Innern einer Welt-
raumrakete. An den Wänden glitzerte die aus Aluminium bestehende Dampfsperrfolie und reflektierte die
einfallenden Sonnenstrahlen. Felix hatte Geburtstag, als wir
unsere Freunde das erste Mal an Bord baten. Über eine kleine Leiter – sie stammte noch von einem der Doppelstockbetten – kletterten sie auf das Schiff. Mit ihren schicken Schu-
hen liefen sie über den vom Baustaub bedeckten Boden, in
der Hand hielten sie ein Glas mit Sekt. Neugierig schauten
sie sich in unserem zukünftigen Wohnzimmer um.

*Familie vor der
Kamera: »Wollt
ihr mal filmen,
wie ich meine Hose
ausziehe?«*

»Hier kommt unsere Hängematte hin«, erklärte Felix und
deutete auf einen massiven Haken, den ein Schweißer an der
Stahlwand angebracht hatte. Drei Meter davon entfernt war
auch ein Stützpfeiler eingezogen worden – im Tausch gegen die Küchenwände, die bislang die Last des Stahldaches

gehalten hatten. Der Pfeiler gibt bis heute einen prima Hänge-mattenhalter ab, zuweilen dient er auch als Tanzstange.

»Wenn ihr fertig seid, wird das eine Traumwohnung sein«, sagte meine beste Freundin. Sie meinte es nicht ironisch. Sie, die sich selbst nichts sehnlicher als ein eigenes Häuschen im Grünen wünschte, mochte unser Schiff auf Anhieb! Diese Worte meiner Freundin, die ich für ihren unerschütterlichen Pragmatismus schätze, beruhigten mich ungemein.

Meinen besten Freund wiederum, den Inhaber einer Fernsehproduktionsfirma, brachte der Rundgang auf die Idee, den Ausbau der »Helene« zu begleiten. 2004 boomten die »Wie verschönere ich mein Heim«-Sendungen. Auf jedem Kanal konnte man sehen, wie Menschen mit und ohne Anleitung werkelten und sich am Ende überglücklich in der neu gestalteten Behausung in den Armen lagen.

Ob Felix und ich uns so etwas vorstellen könnten? Selbstverständlich würden wir auch eine Aufwandsentschädigung bekommen. Wir dachten an unser Baubudget. Das Geld verließ uns mit der Geschwindigkeit von Körnern, die durch eine Sanduhr nach unten rieseln, immer schneller als gedacht. Was sprach dagegen, dass uns ein Kamerateam bei Dingen filmen würde, die wir sowieso machen müssten? Wir hatten eben überhaupt keine Ahnung.

Die erste Übung war noch harmlos. Felix wurde am Steuer stehend gefilmt, als er den Transport der »Helene« von der Werft zum Osthafen begleitete. Meine Rolle war die der Seemannsbraut, die in Stöckelschuhen und trotz eisiger Temperaturen freudig winkend am Kai steht. Dazu sang Lale Andersen »Ein Schiff wird kommen, und es bringt mir den einen, den ich so lieb wie keinen ...«. Klischee pur, aber schön.

Doch dann wurde es ernst. Die Zuschauer wollten sehen, wie so ein altes Schiff langsam wohnlich wird, und wir waren diejenigen, die ihnen das zeigen sollten. Mit möglichst viel Abwechslung und Dramatik. Dramatisch war es in der Tat, als Felix unseren Fäkalientank genauer untersuchte. Mit einer Baulampe kletterte er unter Deck und stellte sie in das Stahlgehäuse, in dem das sogenannte Schwarzwasser gesammelt werden sollte. Das Licht war gut zu sehen, leider vor allem außerhalb des Tanks. Im oberen Bereich und an der Decke hatte ihn der Rost völlig zerfressen. Es war unmöglich, ihn zu flicken. Die löcherigen Überreste mussten entrostet und konserviert werden, damit in ihnen ein völlig neues, etwas kleineres Stahlgehäuse eingebaut werden konnte. Eine langwierige und kostspielige Angelegenheit, welche die Zuschauer aber nur maximal fünf Minuten lang interessieren würde.

Vor der Kamera muss es abwechslungsreicher als in der Realität zugehen. Wir schraubten und meißelten, bohrten und schliffen, malerten und schleppten, tanzten und sangen, badeten und aßen, stritten und lachten, fluchten und scherzten, während das Filmteam drehte. Eigentlich kein Problem, wenn die Kamera einfach nur mitgelaufen wäre. Doch Filmmaterial ist teuer, also wurde nur das gedreht, was szenisch wertvoll war. Das lag manchmal aber auch schon Tage zurück oder ergab sich erst vor Ort, bevorzugt in den Momenten, in denen die Kamera nicht mitgelaufen war. So mussten wir nicht selten Szenen nachspielen. Geduldig folgten wir den Anweisungen der Regie, improvisierten Dialoge aus dem Stegreif und ließen unsere gesamte Familie in der Show auftreten. Wir lernten: Eine Aufwandsentschädigung muss man sich wirklich hart erarbeiten.

Auch Tom begriff schnell, dass alles, was er tat, von Interesse sein konnte – ob er seine Einschätzung zum Baufortschritt abgab oder sich auf einen der roten Dachlüfter setzte und wie auf einem Karussell drehte. Keck fragte er einmal das Kamerateam: »Wollt ihr mal filmen, wie ich meine Hose ausziehe?«

Nur einmal klappte es, dass die Kamera einfach nur mitlief und das Gefilmte später ungeschnitten gesendet wurde. Als unser Parkett angeliefert wurde, erschrak ich, denn in den Paketen schien mir helles Holz zu liegen, nicht dunkles, wie von Felix bestellt. Ich war mit den Handwerkern allein auf der Baustelle und traute mich nicht, eines der Pakete zu öffnen, weil ich fürchtete, es würde dann nicht mehr umgetauscht. Sollte ich nun das falsche Parkett abladen lassen oder es gleich zurückschicken? Nach langen Beratungen untereinander und Telefonaten mit Felix öffneten wir schließlich doch eines der Pakete, nahmen ein Parkett-Element heraus, drehten es um und blickten auf dunkles Holz. Es war die perfekt verarbeitete Rückseite, die uns genarrt hatte. Alle Aufregung fiel von mir ab, und die Filmleute freuten sich über das fünfminütige Mini-Bau-Drama.

Manchmal inszenierten wir auch Aktionen, um das Thema »Wir wohnen bald auf einem Hausboot« zu veranschaulichen. So hatten wir uns bereits Gedanken darüber gemacht, dass unsere Kinder schnell schwimmen lernen sollten. Tom hatte im Kindergarten einen Kurs absolviert, allerdings hatte der Fünfjährige noch Probleme mit der Beinarbeit. Daran feilten wir nun vor laufender Kamera, während Oscar fröhlich prustend mit seinen Schwimmärmeln auf der Wasseroberfläche trieb.

»Vorsicht, nicht ins Wasser fallen«, war der erste Satz, den unser Jüngster lautmalerisch wiedergeben konnte – so oft müssen wir ihn ermahnt haben. Damals glaubte ich, das bewegungsfreudige Kind würde schneller als sein großer Bruder schwimmen lernen. Bei dieser Prognose hatte ich seinen Eigensinn nicht berücksichtigt: Schon aus Prinzip machte Oscar nie das, was man ihm sagte – nur wenn man freundlich, aber unnachgiebig darauf bestand. Bei seiner Erziehung brauchte man gute Nerven.

Er war vier Jahre alt, als meine Mutter beschloss, ihm das Schwimmen beizubringen. Oma war ehrgeizig, schon als Kind peilte sie eine berufliche Karriere an. »Mama, können Frauen auch Professor werden«, erkundigte sie sich in den Fünfzigerjahren bei meiner Großmutter. Die motivierende Antwort lautete: »Im Prinzip schon.«

Im Schwimmbad hielt meine Mutter nun ihren Enkel unerbittlich mal an den Füßen, mal an den Händen fest, um die einzelnen Bewegungen zu üben. Mit der gleichen Ener-

*Fahrt zum Kinder-
garten: Tom und
Oskar starten am
Osthafen.*

gie kämpfte Oscar gegen seine Freiheitsberaubung. Das
Training endete mit Tränen auf der einen und Enttäuschung
auf der anderen Seite. Daraufhin meldete Felix' Mutter den
widerspenstigen Bootsbewohner in einer Schwimmschule
an. Unter Anleitung einer konsequenten Lehrerin – von uns
»die Schwimm-Domina« getauft – lernte er das Gewünschte
innerhalb weniger Stunden. Wir atmeten auf: Ab sofort würden unsere Kinder nicht mehr ertrinken, falls sie mal vom
Hausboot ins Wasser fielen.

Do it yourself

Der Innenausbau schritt voran, die silberfarbene Aluminiumfolie war bereits hinter Rigips- und Fermacellplatten verschwunden. Wir konnten mit dem Streichen beginnen. Zuerst wollten wir die ehemalige Messe malern, die sollte unser Schlafzimmer werden. Helles Terrakotta hatten wir uns als Raumfarbe ausgesucht.

Tom zog seine alte Matsch-Gummihose an, ich eine figurumschmeichelnde Trainingshose, dazu ein altes Shirt. Wie bei einem benutzten Kinderlatz, der von vergangenen Mahlzeiten kündet, zeugten die Flecken auf unseren Sachen von früheren Arbeitseinsätzen: die weißen Farbkleckse von den Türen, die wir bereits lackiert hatten, die grauen stammten vom Eingangsbereich, dazu noch schwarze Schmiere, die ich bei meinen Mülltransporten abbekommen hatte.

Kabel im Schiff:
Felix mag keine
Spaghetti-Elektrik.

Felix nahm nun einen Eimer mit weißer Farbe, steckte einen überdimensionalen Quirl auf die Bohrmaschine und verrührte damit die passende Abtönfarbe. Dann schwangen Tom und ich die Malerbürsten. Der kleine Bauarbeiter tupfte seine Rolle an die unteren 100 Zentimeter, ich übernahm den oberen Teil und die Nachbesserung auf Toms Flächen.

Zunächst weißelte ich die Decke, eine schweißtreibende Arbeit. Glücklicherweise ist das Schlafzimmer kaum mehr als 20 Quadratmeter groß. Die Wände strichen sich dann schon flotter, nach drei Stunden waren wir fertig. Doch was war das? Nachdem die ersten Quadratmeter fast getrocknet waren, sahen wir es ganz deutlich: Dort, wo sich ein Hauch von Terrakotta an die Wände schmiegen sollte, prangte eindeutiges Schlüpferrosa! Unsere Wände wirkten wie ein Waschmaschinen-Farbunfall. Wir waren erschüttert.

Andreas aus unserer Handwerkertruppe, der schon für etliche Kunden gemalert hatte, klärte uns auf: »Mit der Abtönpaste ist es reine Glückssache, dass man den Farbton trifft. Lasst euch die Farbe lieber im Baumarkt anmischen. Dann streicht ihr das Schlafzimmer noch mal!« Er hatte recht, dennoch jubelten wir nicht gerade über seinen Rat. Noch mal Farbe kaufen, noch mal streichen. Dabei hatten wir weder Geld noch Zeit zu verschenken! Unser einziger Trost war die Decke. Die konnte so weiß bleiben, wie sie war.

Im Laufe unseres Hausbootlebens würden wir noch oft merken, warum es häufig besser und manchmal sogar billiger ist, wenn man sofort Profis fragt oder professionelle Lösungen einkauft. Auch beim Einbau unseres Glasdaches hätten wir dadurch Fehler vermeiden können.

Die Decke auf der »Helene« ist nämlich nicht sehr hoch, sie beginnt in wenig mehr als zwei Metern. Damit sie uns optisch nicht erdrückt, hatte Felix die Idee, in unserer riesigen Wohnküche ein Glasdach einzusetzen.

Über Ebay ersteigerten wir den verglasten Eingang eines ehemaligen Supermarktes. Wir benötigten nur dessen Dach, die Seiten wollten wir weiterverkaufen. Am Karfreitag brachen wir mit einem kleinen Transporter in Richtung Augsburg auf – Felix, Tom und ich. Als wir müde wurden, fuhren wir von der Autobahn ab und stellten uns an einen Feldrand. 500 Meter von uns entfernt brannte ein Osterfeuer, feierlustige Menschen standen drum herum. Wir dagegen breiteten unsere Isomatten auf der leeren Ladefläche aus und schlüpften in unsere Schlafsäcke. Dort lagen wir nun und wälzten uns von einer Seite auf die andere, während draußen die Flaschen klirrten und die Betrunkenen grölten. Wir konnten nicht einschlafen, uns aber auch nicht mehr zum Wegfahren aufraffen. Immer wieder versicherten wir uns gegenseitig, dass die Party jeden Moment zu Ende sein müsste.

Schiffskosmetik: Fensterblenden in Dunkelgrau.

Am nächsten Tag trafen wir in Augsburg ein. Die Glasscheiben lagen auf dem Rasen, mit dem sie wohl bald verwachsen wären. Sie mussten schon lange dort liegen. Zwei der Scheiben wiesen Risse auf, natürlich gerade die, die wir für unser Glasdach verwenden wollten. Der Verkäufer behauptete, man könne die kaputten Scheiben ersetzen, indem man die nicht benötigten Seitenscheiben entsprechend zurechtschneiden würde. Wir wussten nicht, dass wir es mit Verbundsicherheitsglas zu tun hatten, also mit einem Glas, das auf eine Folie geheftet ist. So etwas kann man nicht mit einem gewöhnlichen Glasschneider bearbeiten – es würde in 1000 kleine Stücke springen, ähnlich wie bei der geborstenen Frontscheibe eines Autos. Obendrein handelte es sich noch um Isolierglas – die Scheiben bestanden eigentlich aus Doppelscheiben, zwischen denen ein Vakuum herrschte, damit sie im Innern nicht beschlugen. Mit Hausmitteln lässt sich so ein Vakuum nicht herstellen.

Damals glaubten wir dem Verkäufer, luden die Scheiben ein und fuhren zu unserem Schiff, wo die Handwerker beim Abladen helfen wollten. Sie hatten bereits ein zwei mal drei Meter großes Stück Stahl aus dem Schiffsdach geschnitten und die »Helene« mit einer Plane notdürftig vor Regen geschützt. Das Glasdach musste also zügig zusammengebaut werden. Das bedeutete, etliche Stege aus Aluminium mit kleinen Winkeln und vielen Schrauben zu einem Gerüst zusammenzupuzzeln.

Tom sollte die Schrauben sortieren und Felix reichen. Köstlich amüsierte sich der Fünfjährige, wenn er seinem Vater eine unpassende unterjubeln konnte. »Ich hab dir eine falsche gegeben«, triumphierte er und sang aus voller Kehle seine Lieblingshymne: »Bauarbeiter: Können wir das schaffen? Bob, der Meister: Yo, wir schaffen das! Buggy und Mixy, Buddel und Bob, Heppo und Wendy machen den Job. Doch auch der Rollo gehört dazu, so wird die Arbeit erledigt im Nu.«

Tom hatte seinen Spaß, und bald nahm auch das Glasdach Formen an. Die Scheiben wurden eingesetzt, für die beschädigten hatte ich Ersatz besorgt. Ein Schlosser schweißte dann Stahlstifte an den Rand des Ausschnitts. Darauf wurde die Dachkonstruktion aus Aluminium gesetzt. Ein Klempner versäumte die Ränder noch mit verzinktem Blech, um das Dach vor eindringendem Regen und Frost zu schützen. Dann ließ er seine Werkzeugtasche bei uns stehen – tagelang. Brauchte er sie nicht mehr, seine Spezialscheren und -zangen? Er ging auch nicht mehr ans Telefon. War er krank geworden? War ihm vielleicht etwas passiert? War der Klempner einfach nur vergesslich oder gar tot? Wir wunderten uns, bis wir von seinem Kumpel erfuhren, warum er nicht erscheinen konnte: Er saß im Knast.

Unser Dach wähnten wir nun regensicher, doch schon im ersten Winter tropfte es von der Decke – und zwar genau an den Kanten des Glasdaches. Wir Selfmade-Fans hatten nämlich zwischen Stahl und Aluminium keine Wärmeisolierung angebracht, einem Profi wäre das aufgefallen. Weil die Kälte über die Stahlstifte auf das Aluminiumgerüst kriecht, kondensierte an dieser Stelle die warme, feuchtigkeitsgesättigte Raumluft. Sie tropfte von der Decke und sorgte auf dem Boden für Pfützen und unter dem Dach für Schimmel.

Da wir keine große Lust verspürten, alles noch einmal aufzureißen, zogen wir unter dem Glasdach eine Zwischendecke aus Polystyrol ein. So kommt die warme Luft nicht mehr an das kalte Aluminium. Von der Hängematte aus durch das Glasdach in die Sterne schauen, das kann man jetzt nur noch außerhalb der Heizsaison.

Willkommen auf Unbewohnbar

Provisorium. Es lebe die kalte Küche!

Die Bauarbeiten waren im vollen Gange, und eigentlich war noch nichts richtig fertig – wobei ich mittlerweile weiß, dass sich jener paradiesische »Alles-funktioniert-Zustand« auf einem Hausboot sowieso niemals einstellt. Im Frühling 2004 waren die Innenräume bis auf das Badezimmer gedämmt und mit Rigipsplatten verkleidet, die Heizkörper waren angebracht und an ein neues Leitungssystem angeschlossen, ebenso waren die Trinkwasserleitungen ausgetauscht. Ungleich länger war die Liste der unerledigten Arbeiten. Das Glasdach war zu diesem Zeitpunkt noch nicht eingesetzt worden. Im Boden von Toms Zimmer befand sich ein riesiges Loch. Dort war der Fäkalientank noch nicht mit einer Deckplatte geschlossen worden, weshalb auf dem Boden noch kein Estrich aufgebracht und kein Parkett verlegt werden konnte. Außerdem mussten wir noch sämtliche Räume malern, das Parkett und die Stromkabel verlegen, die Toilette fliesen und anschließen lassen, die Küchenmöbel besorgen und aufbauen. Obendrein war keiner unserer drei Tanks einsatzbereit, weder der Trinkwasser- noch der Abwassertank, ganz zu schweigen von unserem Sorgenkind, dem einst so durchgerosteten Fäkalientank.

Dennoch wollten wir so bald wie möglich auf unser schwimmendes Heim ziehen, um nicht länger neben unserem Kredit für den Schiffsausbau auch noch Miete zu zahlen. Wir fragten die Handwerker nach ihrer Meinung zu unserem Umzugstermin. Frühestens in acht Wochen sei es so weit, lautete deren grobe Schätzung. »Okay«, dachte sich Felix. »Dann machen wir den Handwerkern mal ein bisschen Druck und verkürzen die Frist auf sechs Wochen.« Er ahnte damals nicht, dass ein so knapp angesetzter Termin nur uns in Stress versetzen würde, niemals aber einen Handwerker.

Weil wir neben dem Schiff nicht auch noch unsere alte Wohnung renovieren wollten, suchten wir nach einem Nachmieter, der sich darauf einlassen würde. Wir fanden auch ein Ehepaar. Leider hegte es den Wunsch, bereits in vier Wochen unsere Dachgeschosswohnung zu beziehen. Andere Bewerber gab es nicht. Wir sagten also zu und nahmen den Kampf gegen die Zeit auf. Ein Kampf, der nicht zu gewinnen war.

Wir verkauften etliche unserer geliebten Gründerzeitmöbel. Sie passten nicht auf ein Schiff mit wenig mehr als zwei Metern Deckenhöhe. Sechs Jahre zuvor hatten wir uns diese Schmuckstücke erarbeitet – im Tausch dafür, dass wir uns um die Auflösung einer Wohnung kümmerten, in der die kinderlose, entfernt mit Felix verwandte Besitzerin dieser Möbel gelebt hatte. Auch mein Klavier stammte aus ihrem Haushalt und wurde nun ebenfalls versteigert, worüber ich traurig war. Zwar sah ich ein, dass ich nie eine gute Pianistin werden würde und auch, dass wir das Geld im Moment dringend für den Ausbau benötigten, hoffte aber dennoch, dass sich für das Instrument irgendwo noch ein Plätzchen finden würde. Später diskutierten wir noch einige Male über dieses Thema – ohne Ergebnis. Ich weiß nicht, ob ich noch musizieren will, wenn ein verlassenes Kinderzimmer Platz dafür bietet.

Am 12. Juli 2004 war es so weit. Das Umzugsunternehmen stand vor unserer Tür, und wir zogen auf eine Baustelle. Jeder Campingplatz hätte mehr Komfort geboten für uns, die wir nun eine Weile im Staub würden leben müssen und dabei auf fließendes Wasser, eine Dusche und eine Toilette mit Wasserspülung verzichteten. Das lag an dem Zwei-Komponenten-Anstrich, mit dem sowohl unser Abwassertank als auch unser mittlerweile neu eingeschweißter Fäkalientank gestrichen worden war, und der noch mindestens eine Woche trocknen musste, genauso wie der Spezialanstrich unseres Trinkwassertanks. In dieser Zeit würden wir unser Trinkwasser aus Flaschen beziehen, bei meiner Mutter duschen und eine mobile Mini-Chemietoilette nutzen müssen, das bekannte »Porta Potti«. Gegen alle anderen Unzulänglichkeiten half nur Humor.

Trotzdem war ich wenig begeistert, als mir Felix am Umzugstag erklärte, er müsse nun doch das selbst gezimmerte Doppelstockbett der Kinder zerlegen und später wieder aufbauen – anders könne es die alte Wohnung nicht verlassen. Dann setzte er die Säge an das hölzerne Gestell. Dabei hatten wir das Schiff nicht zuletzt wegen dieses Bettes noch vor dem Umzug so gedreht, dass sich die Fenster des Kinderzimmers direkt an der Kaikante befanden. Das Schiffsdrehen war eine nicht unaufwendige Teamarbeit gewesen, für die man sämtliche Stahlseile lösen, den trägen 32-Meter-Stahl-Kasten mit der Strömung in Bewegung versetzen und anschließend wieder festmachen musste.

Doch Felix schien gegen jeden Kummer immun: Ein unbändiges Glücksgefühl trug ihn durch diesen Tag, an dem sich unser Leben vom Land aufs Wasser verlagern würde. Nicht einmal das Schreiben des Wasser- und Schifffahrts-

amtes, das uns pünktlich an unserem Umzugstag erreichte, konnte ihn aus der Fassung bringen.

»Sehr geehrter Herr Eisenhardt, es liegt mir keine Information vor, dass Sie mit Ihrem Hausboot im Osthafen liegen dürfen. Für welchen Zeitraum ist dieses Stillliegen angedacht? Es gibt Auflagen, welche Hausboote in Berlin erfüllen müssen, um einen längerfristigen Aufenthalt abzusichern. Ein Dauerwohnrecht wird aber immer ausgeschlossen.«

Mein Magen verkrampfte sich beim Lesen dieser Zeilen. Unser Vorhaben erschien mir plötzlich völlig aussichtslos, doch ließ es sich nicht mehr rückgängig machen. Später stellte sich heraus, dass sich die Behörde übergangen gefühlt hatte. Der Sturm beruhigte sich so schnell, wie er aufgezogen war, nachdem wir unseren Vertrag mit dem Hafen sowie unser Schwimmfähigkeitszeugnis – eine Art TÜV für Schiffe – vorgelegt hatten.

Am nächsten Morgen frühstückten wir von Papptellern inmitten von Umzugskisten. Tom berichtete uns von seinen nächtlichen Abenteuern.

Teamwork. Raus aus dem Chaos.

»Ich hab heute gar nicht gut geschlafen, ich hab einen Albtraum gehabt! Ich hab geträumt, dass unser Schiff von den Seilen abgegangen ist und dann ist es noch untergegangen!«

»Aber du wolltest doch das Gegenteil träumen«, entgegnete ich. »Hat das nicht geklappt?«

»Ne, das hat sich einfach verändert! Und dann wollten wir das Schiff mit einem Magneten hochziehen. Da ist der Magnet auch noch ins Wasser gefallen.«

Schelmisch schaute er dabei in meine Richtung.

»Ist ja schlimm«, antwortete ich, während ich ein Kichern unterdrückte.

Tom hatte noch mehr zu berichten: »Und dann bin ich auch noch ins Wasser gefallen!«

»Aber du konntest schon schwimmen, oder?«

»Nein«, überlegte Tom. »Da war ich erst drei.«

Als ich ihn später zum Kindergarten brachte, ließ er seine Kumpels raten, wo er heute übernachtet hatte.

»Auf deinem Boot?«, fragten die Kinder.

»Ja, natürlich, auf dem Hausboot«, brüstete sich unser Sohn. »Ist schon fertig!«

Auf Montage

Die Bauarbeiten liefen weiter, während wir täglich Trinkwasser organisierten, mit kalter Küche vorliebnahmen, Kisten sortierten, beständig gegen den Staub anputzten und unsere Kinder von Oma und Freunden betreuen oder mit schlechtem Gewissen vom Videorekorder erziehen ließen. Das Glasdach wurde fertiggestellt und Jalousien an den Fenstern angebracht. Auch der Fäkalientank bestand bravourös seinen Test auf Dichtigkeit.

Wir strichen die Kinderzimmer, verblendeten die Fenster von außen und entfernten die Mörtelwannen vom Kai, in die ich unsere Pflanzen getopft hatte. Darum hatte uns der Hafenmeister gebeten, und mit dem wollten wir es uns auf gar keinen Fall verderben. Schließlich fühlten wir uns von Tag zu Tag heimischer in seinem Areal, vor allem nachdem uns

Unser Bad – vor der Sanierung.

Frühstück auf der improvisierten Sonnenterrasse (vorhergehende Doppelseite).

die MTV-Kantinenbetreiber als Nachbarn betrachteten und Einlass gewährten.

Die Pflanzen begrenzten nun unsere provisorische Terrasse. Jeden Abend holte ich Wasser aus der Spree mit einem Eimer, den ich an einem Seil vom Dach aus nach oben zog. Das Flusswasser ergoss sich nicht nur über die Blumenkübel. Es war eine Frage der Zeit, bis ich auf dem nassen Stahldach ausrutschte und mir den Daumen verstauchte.

Zwei Wochen nach unserem Einzug füllten wir zum ersten Mal unseren Trinkwassertank. Wir rollten zwei Dreiviertelzoll starke 50-Meter-Schläuche aus, verbanden sie miteinander und zogen sie über das Hafengelände zu einem Haus mit einem Außenwasserhahn, an dem wir das Ende mit dem Zähler montierten. Das andere Ende verschwand in einem Stutzen auf unserem Dach. Drei Stunden dauerte es, bis wir etwa 7000 Liter Wasser in den Schiffsbauch geleitet hatten, das reicht bei uns für etwa sechs Wochen. Um das verbrauchte Wasser kümmerte sich später die »Elsa«. Das Spezialschiff legte sich fortan regelmäßig bei der »Helene« auf Seite und leerte mit seinem riesigem Saugschlauch den Fäkalien- sowie den Abwassertank.

Nun hatten wir endlich fließendes Wasser an Bord. Wir konnten duschen. Tom wagte sich als Erster ins Bad. Das Wasser war kalt, weil die Gasanlage noch nicht abgenommen worden war. Quietschend sprang unser Sohn auf den geriffelten gelbbraunen Bodenkacheln herum. Die Kacheln kamen mir bekannt vor. Tatsächlich waren mit solchen auch die Waschräume diverser DDR-Kinderferienlager gefliest worden, in denen ich oft meine Sommerferien verbracht hatte. Als ich 16 war, jobbte ich gemeinsam mit zwei Freundinnen in einem solchen Lager als Putzi. Täglich fluteten wir beherzt den Boden der Waschräume. An seinem Nässegrad sollten die Anleiter unseren Arbeitseifer erkennen. Den Kacheln war ohnehin nicht zu helfen – sie staubten nach der Reinigung nicht weniger als vorher.

Ja, unser Badezimmer war hässlich, aber wir hatten vorerst kein Geld für dessen Renovierung. Eine Weile wollten

wir uns noch mit dessen speziellem Charme aus grauer Plastikverkleidung, funktionalen Armaturen und staubigen Bodenkacheln arrangieren.

Unser Bad – nach der Sanierung.

Meine Mutter finanzierte es schließlich, sodass diese letzte Bastion aus Rost und funktionalem Ostdesign rascher fiel als gedacht. Da wir unsere mittlerweile eingespielte Handwerkertruppe nicht so bald von einer anderen Baustelle loseisen konnten, suchte ich per Kleinanzeige nach Ersatz. Es kamen auch zwei Männer in Bauklamotten auf unser Boot, klopften Sockel ab, entfernten die Deckenverkleidung und entrosteten die Stahlwände. Sie versuchten sich sogar darin, die Dampfsperrfolie anzubringen.

Am Abend betrachteten wir das Ergebnis.

»Sieht aus, als hätten die versucht, ein Brathähnchen einzupacken«, kommentierte Felix den Versuch, unsere teure Aluminium-Spezialfolie mit dem ebenfalls teuren Spezialklebeband zusammenzuflicken.

An einer Wand hatten die beiden Spezialisten bereits Rigipsplatten angeschraubt, mit erheblichen Versatzkanten – echte Kraut-und-Rüben-Technik.

»Das Beste ist das hier«, sagte Felix, griff zur Klinke und versuchte, die Tür zu schließen. Sein Vorhaben endete an einer großzügig zugeschnittenen Rigipsplatte, die bis in den Türraum hineinragte.

So etwas waren wir von der Truppe um »Schmitti« nicht gewohnt. Wir erzählten ihm von unserem Unglück. Er fühlte sich geschmeichelt und versprach, sobald wie möglich Andreas und Thorsten zu schicken.

Das tröstete uns. In unserer Fantasie kleideten wir unsere beiden Retter in weiße Kittel. Sie würden unser krankes Bad heilen, mit Pflaster würden sie unsere Dampfsperrfolie ordentlich verkleben und jede einzelne Rigipsplatte liebevoll mit Mullbinden befestigen. Tatsächlich staunten wir wenige Tage später darüber, wie gut es den beiden gelang, den Pfusch ihrer Kollegen auszubügeln. Bald konnten wir in unserer neuen Badewanne Probe liegen.

Was für ein Luxus!

Hausboot-Romantik

cht Wochen nach unserem Einzug waren die wichtigsten Bauarbeiten abgeschlossen – genau, wie es die Handwerker prognostiziert hatten. Allmählich gewöhnte ich mich an das Schaukeln des Schiffes, das interessanterweise weniger von den großen Lastkähnen ausgelöst wird, die langsam und ruhig an der »Helene« vorbeiziehen. Die größten Turbulenzen entstehen, wenn kleine, fiese Motorboote mit überhöhter Geschwindigkeit und blonder Beifahrerin durchs Wasser pflügen. Dann bekommt man zuweilen den Impuls, sich festhalten zu wollen.

Wohnküche. Genügend Platz für Gäste.

Ich staunte über die Geräuschkulisse in meinem neuen Heim: das Ächzen der Festmacherleinen, das Knacken des Parketts, das den Schiffsbewegungen nachgibt, das Rütteln des Windes, die Wellen, die an stürmischen Tagen gegen den Bug klatschen und uns sanft in den Schlaf wiegen. Ich erschrak über diverse Katzen, die nachts über unser Dach jagen, über das Trappeln der Krähen auf dem Dach und das Klappern von Enten- und Schwanenschnäbeln an unserem Schiffsrumpf, wenn sie die dort haftenden Algen verputzen.

Mein Lieblingsgeräusch ruft der Regen hervor, wenn er nachts auf unser Stahldach prasselt, am liebsten um die Wette mit dem Holz im Kaminofen.

Am bemerkenswertesten ist das Licht auf einem Hausboot: Fast jeden Tag ist es da. Es kommt von allen Seiten, reflektiert sich auf dem Wasser, tanzt und glitzert auf den Wellen. Von dort hüpft es ins Innere des Schiffes, wo es flüchtige Motive an Decken und Wände wirft. Es entfaltet die faszinierend-beruhigende Wirkung, die gewöhnlich einem offenen Feuer zugeschrieben wird.

Wir hatten nun bereits die ersten Praxiserfahrungen im Hausbootwohnen sammeln können, ein Leben, das von regelmäßigem Basteln und Tüfteln, von Versuch und Irrtum begleitet wird. Das zeigte sich gleich bei unserer Toilettenspülung, für die wir eigentlich das Wasser aus dem Fluss nutzen wollten. Zunächst schien das auch zu funktionieren, doch binnen einer Woche war der Vorfilter der Wasserpumpe völlig mit Algen verstopft. Vorfilter ausbauen, reinigen, wieder einbauen – diese Prozedur hielten wir einen Monat durch, dann beschlossen wir, auf Trinkwasser umzusteigen. Das würde auch keinen Rand aus grünen Algen am Porzellan hinterlassen.

Kaum war das repariert, krachte auch schon unser improvisierter Landsteg zusammen. Ich war diejenige, die ihm den Rest gegeben hatte. Mittig war er auseinandergebrochen wie die von Max und Moritz angesägte Brücke unter Schneidermeister Böck. Mein Erschrecken war genauso groß wie meine Hoffnung auf einen neuen breiten Landsteg

aus Metall. Von einem Schrotthändler erwarben wir verzinkte Roste und entsprechende Stahlprofile. Daraus wollte Felix etwas Haltbares schweißen lassen, doch bei den konkreteren Planungen erwies sich das Vorhaben als zu teuer und aufwendig.

Die Roste dienen seitdem als XXL-Fußabtreter, der bis heute verwendete Landsteg entstand aus Holz. Er ist stabil, rutschsicher – und einen halben Meter breit oder schmal, je nachdem, wie vorsichtig man sich verhält oder wie alkoholisiert man ist. Ich werde nicht aufhören, auf ein stählernes Luxusmodell mit Handlauf zu hoffen.

Inzwischen waren auch unsere Möbel aufgebaut. Ausgiebig hatten wir um den perfekten Platz für den Schreibtisch gestritten. Zunächst hatte ich nachgegeben und mich mit dem Ausblick auf unsere Treppe begnügt, doch schon bald ergab sich die Gelegenheit, die Angelegenheit in meinem Sinne zu entscheiden – nun steht er vor dem großen

Das Badezimmer.
Sauna an Bord.

Fenster im Schlafzimmer. So kann ich beim Arbeiten die Wasservögel sehen, jede Menge Schiffe, das in der Sonne glitzernde Wasser oder die Ringe der in die Spree fallenden Regentropfen. Manchmal staune ich über einen Sturm, der so kräftig über die Wasseroberfläche bläst, dass die Spree in die falsche Richtung zu strömen scheint.

Mein Sieg hat nur einen Nachteil: Da der Schreibtisch unverrückbar mit dem zu seiner Linken befindlichen Regal verbunden ist, kann ich das Fenster lediglich ankippen,

Nähen mit Wasserblick.

nicht aber vollständig öffnen. Es gibt nun verschiedene Möglichkeiten, meinen Ausguck zu putzen. Entweder dreht man das gesamte Schiff mit dem Problemfenster zur Landseite, das ergibt sich nur selten. Zuweilen balanciert auch einer der sportlicheren Schiffsbewohner auf der Scheuerleiste und mit einem Seil gesichert dorthin und wienert, bis die Bordfrau halbwegs zufrieden ist. Oder man vertäut ein kleines Boot davor, von dem aus ich dann den Lappen schwingen kann.

Auch ein Tretboot eignet sich dafür. Ein solches bemerkte Oscar eines Abends vor seinem Fenster. Es musste sich an der Ausleihe gegenüber der Insel der Jugend gelöst haben, etwa einen Kilometer stromaufwärts. Für die Fensterputz-Aktionen wäre es ideal gewesen. Meine Skrupel waren indes größer: Ich rief bei der Wasserschutzpolizei an und saß in der ersten Reihe, als die Beamten den Ausreißer einfingen.

Meist fällt das Treibgut kleiner aus: Flaschen schwimmen an unserem Schiff vorbei, mit und ohne Post, Bootskissen, Schuhe, Luftballons und immer wieder Bälle. Das ist für unsere Söhne sehr praktisch, es gibt keinen Ärger, wenn sie wieder mal einen Fußball ins Nirgendwo verschossen haben. Doch nicht alles, was der Fluss mit sich führt und sich dann zwischen Kaikante und Schiff verkeilt, erfreut den Bootsbesitzer. Dazu zählen verwesende Tiere, Flaschen und dicke Holzstücke, die klappernd an die Bordwand schlagen, und jede Menge Müll, den Menschen auf und am Fluss verlieren.

Menschliche Wasserleichen haben sich an der »Helene« bislang nicht verkeilt. Unsere Nachbarn vom gegenüberliegenden Ufer konnten dagegen einen Vormittag lang mit dem Feldstecher die Tatortsicherung einer aus der Spree geborgenen Kofferleiche verfolgen. Auch in der Tiergartenschleuse gab es Leichenfunde. Eine soll bei ihrer Entdeckung halb im Wasser und halb an Land gelegen haben, was zu einer regen Diskussion über die Zuständigkeit führte – die Wasserschutzpolizei wollte den Fall gern an die auf dem Land tätigen Kollegen abgeben und umgekehrt.

Schwitzen auf drei Quadratmetern.

Als der Sommer 2004 vom Herbst abgelöst worden war, sehnten wir uns nach einem Urlaub. An der Südspitze Italiens wollten wir das nachholen, was uns in den letzten Monaten entgangen war: im Wasser plantschen und in der Sonne abhängen. Wir fuhren gerade mit einem Bus zurück zu unserer Unterkunft auf Ischia, einer Insel vor Neapel, als uns ein älteres Ehepaar bemerkte.

»Entschuldigen Sie, wohnen Sie auf einem Hausboot?«, fragte uns die Frau.

Sie hatte uns im Fernsehen gesehen und erkundigte sich nach dem Stand der Bauarbeiten. Wir amüsierten uns über unseren Bekanntheitsgrad und erzählten den beiden von unserer Sauna, die wir in einem ehemaligen Geräte-Aufbewahrungsraum hinter dem Badezimmer unterbringen wollten. Felix verwirklichte sich damit einen lang gehegten Traum: Bislang hatte er an jedem unserer Wohnorte überlegt, wo er eine Schwitzhütte aufstellen könnte. Selbst der kleinste und verfallenste Schuppen regte seine Fantasie an. Auf dem Schiff waren seine Wünsche zum ersten Mal realisierbar.

Jeden Wintersonntag glüht nun der Saunaofen, den Brennstoff liefert uns ein Holzfäller aus Mecklenburg. Er hatte uns im Fernsehen gesehen und angeboten, uns zu beliefern. Er hievt dann die Säcke mit dem Holz auf unser Schiffsdach, direkt vor die Luke des ehemaligen Kohlebunkers. Rumpelnd gleiten die getrockneten Scheite dort hinein, bis zu zwei Kubikmeter finden dort Platz.

Wir mögen unseren winterlichen Besucher sehr gern. Wenn aber die ersten Frühlingssonnenstrahlen die Menschen dazu bringen, ihre Mäntel auszuziehen, verabschieden wir uns voneinander in dem Bewusstsein, dass uns allen eine wunderschöne Jahreszeit bevorsteht.

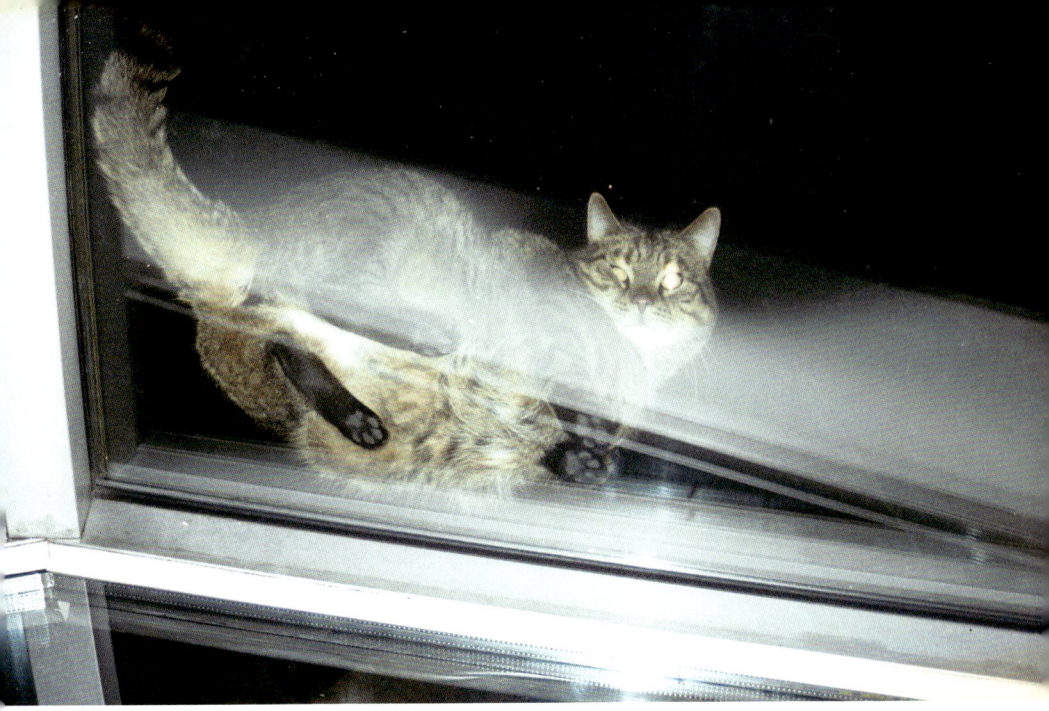

»Helenes«
Tierleben

Meine Kindheit verbrachte ich in Anwesenheit von Tieren. Irgendwelche Larven im Glas, die ich dabei beobachtete, wie sie sich allmählich verpuppten, Meerschweinchen, Fische, Hamster einschließlich ihrer Mehlwürmer, ebenso ein Rosenkopfsittich. Letzterer war schon im fortgeschrittenen Alter, als ich einige Zirkusbücher in die Hände bekam und den Vogel einer Dressur unterzog. Unerbittlich scheuchte ich ihn durch seinen Käfig über einen von mir festgelegten Hindernisparcours. Den Stress vertrug der Vogel nicht.

Der Kater auf dem kalten Glasdach.

Später gastierte eine frisch geschlüpfte Ente bei uns, auch ein Spatz, der aus dem Nest gefallen war. Einmal hatte sich meine Mutter während eines Waldspaziergangs beherzt auf eine Ringelnatter geworfen, die eigentlich in einem mit Gaze überzogenen Eimer auf ihre Fütterung warten sollte. Stattdessen hatte das Tier eine Lücke im Stoff gefunden und war in die Freiheit entwischt, während mein Bruder und ich für es nach Fröschen jagten.

Mit Spinnen hatte ich noch keine Erfahrungen gemacht, weder gute noch schlechte. Ich hatte die zahlreichen Achtbeiner registriert, die sich schon vor unserem Einzug auf dem Schiff einquartiert hatten. Unter ihnen waren stattliche Exemplare, täglich schienen es mehr zu werden. Ihre Anwesenheit soll von einem guten Raumklima zeugen. Zu Beginn unseres ersten Hausbootsommers beschloss ich, sie zu ignorieren. Im Herbst würden sie ohnehin abziehen, dann wollte ich in einer konzertierten Aktion ihre Netze beseitigen.

Ich wusste damals nicht, dass Spinnen einen Stoffwechsel haben, also theoretisch schon, aber nicht aus der Praxis. Bald wunderte ich mich über die schwarzen Kleckse an den Scheuerleisten, an den frisch gestrichenen Wänden und auf der Wäsche, die gerade trocknete. Kleckse, die wie Pech hafteten. Spinnenkacke. Jetzt ahnte ich, wie das Wort »verschissen« entstanden sein konnte. Das hatten diese Tiere bei mir. Seitdem gilt ihnen gegenüber Null-Toleranz. Gnadenlos werfe ich sie aus dem Schiff. Doch egal, ob man die Spinnen an der Wasser- oder an der Landseite aussetzt – sie krabbeln oder schwimmen wieder zu uns zurück. So geht das den ganzen Sommer lang.

Als Tom die zweite Klasse besuchte, sollte er einen Steckbrief über sich schreiben. In der Rubrik »Meine Haustiere sind ...« trug er »Fischi und Spinni« ein. »Enti« hätte er noch ergänzen können, denn die erkoren in jenem Frühjahr unsere Pflanzkübel zu ihrer hochgelegenen Brutstätte. Wir nahmen Rücksicht auf ihre Vermehrung und betraten das Dach in den folgenden Wochen nur im Notfall und dann auf Zehenspitzen – bis die Vogelmutter mit ihren fünf Jungen um unser Schiff herumschwamm.

Neben Wasservögeln und Spinnen gastieren auch viele Krähen auf unserem Hausboot. So lange sie uns nicht bemerken, stolzieren sie mit ihren bekrallten Füßen deutlich vernehmbar über das stählerne Dach und die Plane am Achterschiff. Sie zupfen an allem, was ihnen interessant erscheint, zerren es hervor, insbesondere den Inhalt der zahlreich aufgestellten Mülleimer, den sie großzügig über den Uferweg verteilen. Auch einem Gründach, das wir uns für die Zukunft wünschen, sollen die Vögel nicht guttun: Sie picken das Moos heraus, klagte ein Hausbooteigner, der sein Dach damit bepflanzt hat.

Auf dem Hausboot lebt man also zwangsläufig mit Tieren zusammen, allerdings habe ich noch nie eine der angeblich untrennbar mit Schiffen verbundenen Ratten gesichtet – jedenfalls keine lebenden.

Edgar Schmidt von Groeling ist in unserem Bekanntenkreis derjenige, der am längsten auf einem Hausboot wohnt. Kurz nach der Wende bezog er ein Schiff in der Tiergartenschleuse nahe dem Zoologischen Garten. Dort lieferte er sich auch einen erbitterten Kampf mit den Ratten, die durch die Holzverkleidung seines Bootes ins Innere gedrungen waren. Sie ließen sich in der Isolierschicht nieder, bauten Nester und vermehrten sich.

Der Bootsherr versuchte es zunächst mit Ultraschall. Dann zog er Metallscheiben auf die Festmacherleinen, die Tiere sollten nicht mehr in sein Heim gelangen können – doch die Ratten waren schlau und sportlich obendrein: Mühelos sprangen sie über die Scheiben hinweg. Also stellte er Fallen auf. Eines Abends wollte er seinen Müll wegbringen und hatte noch etwas vergessen. Er ging ins Schiff zurück, während sich die Tiere über die abgestellte Tüte hermachten, sie zerfetzten und blitzschnell mit ihrer Beute im Dunkel verschwanden. Während Edgar den breitflächig verteilten Müll wieder auflesen durfte, kam ihm eine Idee: Wenn seine ungeliebten Mitbewohner so stark auf diese Mülltüten fixiert waren, würden sie vielleicht auch in die Rattenfallen tappen, wenn er sie darin versteckte. Der Praxistest ernüchterte ihn: »Glaube nicht, dass noch eine Ratte an diese Tüte herangegangen ist. Die sind so schlau!«

Zuletzt wusste er sich keinen anderen Rat mehr, als Gift auszulegen. »Um das ganze Boot wuchsen rundum Kletterpflanzen. An dem Abend, an dem ich die Tiere vergiftet habe, bissen sie mir alle Stengel unten ab – quasi als letzten Gruß. Wie erwartet sind sie mir in der Isolierung krepiert, das ganze Boot hat nach Verwesung gestunken.« Edgar blieb nichts anderes übrig, als im Innern die Gipskartonplatten abzuschrauben. Er zog sich Gummihandschuhe über und hielt sich ein mit Parfüm getränktes Tuch vor den Mund. So präpariert, entfernte er die mit Maden gespickten Rattenleichen aus der Zwischenwand. »Dann habe ich mir eine Katze angeschafft und war die Plage endlich los.«

An der stählernen »Helene« verhakt sich allenfalls ein Rattenkadaver zwischen Schiff und Spundwand, zuweilen auf dem Rücken liegend mit unschuldig erhobenen Vorderpfötchen. Auch ihre nächsten Verwandten, die Mäuse, erblicke ich nur in Form einer anstehenden Mahlzeit für unseren Schiffskater.

Den entdeckten wir in einer Sammelstelle für Straßenkatzen. Den Mitarbeitern war sofort aufgefallen, dass der stattliche, grau getigerte Kater kein wildes Tier war, und sie inserierten ihren Fund. Es meldete sich auch eine Frau, die ihren entlaufenen Kater »Janko« zu erkennen glaubte und zu sich nahm. Doch eines Tages tauchte der echte »Janko« bei ihr auf und stellte seine verzweifelte Besitzerin vor die Wahl: Er oder ich! Der Nebenbuhler musste in die Katzenstation zurück.

Der Verstoßene wurde von uns »Herbert« getauft, daraus wurde dann »Herr Berti«. Am liebsten sitzt der Kater auf dem Dach zwischen den Pflanzkübeln – in denen nun keine Enten mehr brüten möchten – und tut das, was alle Katzen lieben: Er hält Ausguck aus sicherer Höhe. Natürlich fängt er auch Mäuse, wovon auf der Dachterrasse zuweilen ein Häufchen mit säuberlich herauspräparierten Innereien zeugt.

Herr Berti ist wie alle Katzen wasserscheu. Dennoch balanciert er stets an der äußersten Kante des Schiffes oder des metallüberzogenen Kais. Einmal hätte er das fast mit seinem Leben bezahlt.

Ein tiefes Brüllen weckte uns in einer Winternacht aus dem Schlaf. Es kam von draußen, nicht weit von unseren Köpfen entfernt. Nur Stahl und Steinwolle befand sich zwischen unserem gemütlichen Bett und dem Kampf auf Leben und Tod, der sich gerade im eiskalten Wasser abspielte.

»Der Kater!«, rief Felix und stürzte zur Tür nach draußen ins Freie, halbnackt, ohne Brille. Bäuchlings legte er sich auf die Kaikante und griff in die Lücke zwischen Schiff und Kai, in die das Tier gefallen war. Herr Berti hatte Glück, Felix erwischte ihn glücklich am Nackenfell und hob ihn aufs Ufer. Von dort flitzte der verschreckte Kater zum Heck, wo ich ihn mit einem alten Handtuch in Empfang nahm.

Einem anderen Artgenossen war es weniger gut ergangen: Dieser Kater liebte es, in seiner Hausbootkolonie von Schiffsdach zu Schiffsdach zu springen. Dabei war er ins Wasser gefallen und ertrunken. Nachdem sein Kadaver gefunden worden war, erhielt er eine seemännische Bestattung: Er wurde mit Gewichten beschwert und in weißes Leinentuch geschlagen, auf eine Metallplatte gelegt und in die Mitte der Spree gerudert. Nach einer kurzen Rede hob einer der Trauernden die Metallplatte an, damit der umhüllte Kater von Bord rutschen konnte, während eine Schiffsglocke für ihn läutete: Vier Doppelschläge, das steht bei Seeleuten für »Wachende«.

Herr Berti dagegen hatte sein unfreiwilliges Bad überlebt. Schon am nächsten Tag spazierte er wieder auf dem Kai herum – natürlich auf dessen äußerster Kante.

Heimatlos

Im Mai 2005 erhielten wir einen Brief vom Hafenbetreiber. Er kündigte unseren Liegeplatz, das davor befindliche Gelände hatte einen neuen Eigentümer bekommen. Die Geschäftsführung schrieb, man könne uns leider auch keinen anderen Platz anbieten, da das gesamte Gelände verkauft werde. Bis Ende August 2005 sollten wir den Osthafen verlassen.

Wir hatten mit dieser Entwicklung gerechnet, wenn auch nicht so rasch. Darum hatten wir nicht aufgegeben, nach einer Alternative zu suchen, bislang aber nur entmutigende Nachrichten bekommen.

Auf unseren erneut gestellten Antrag für einen Liegeplatz in der Rummelsburger Bucht, diesmal am Lichtenberger

Osthafen. Wir müssen hier weg.

Ufer, hatte uns das zuständige Bezirksamt mitgeteilt, dass er aus seiner Sicht nicht genehmigt werden könne, da man uns für die Erschließung von Strom- und Wasseranschlüssen keine Sondernutzungsgenehmigung der Grünanlage erteilen könne. Wir sollten uns an die Wasserstadt GmbH wenden. »Nach Aussage des Geschäftsführers befasst sie sich mit dem Thema ›Hausbootliegeplätze‹ und kann Ihnen unter Umständen eine Alternative anbieten.«

Man schob uns von einer Behörde zur nächsten.

Von der Wasserstadt GmbH hieß es dann, man habe »intensiv mit den zuständigen Verwaltungen, den Bezirken und den Vertretern der Bezirksverordnetenversammlung die See- und Ufernutzung in der Rummelsburger Bucht erörtert« und im Ergebnis entschieden, nicht mehr als die acht geplanten »Floating Homes« zuzulassen.

Der von der Partei Die Grünen eingesetzte Bezirksbürgermeister von Friedrichshain schrieb uns, dass er mit Interesse die »alternativen Wohnformen« in seinem Bezirk verfolge und sie auch unterstütze. Allerdings seien in seinem Bezirk keine Standorte für Hausboote vorgesehen, mit Ausnahme der für die »Floating Homes«. Diesen Satz von der »mit allen Beteiligten abgestimmten See- und Uferkonzeption, die an keiner weiteren Stelle im Bezirk Friedrichshain-Kreuzberg Hausboote vorsehe«, würden wir von ihm noch manches Mal hören. Er wünschte uns viel Erfolg bei der weiteren Standortsuche. Das wünschten wir uns auch. Innerhalb von drei Monaten mussten wir etwas finden.

Im gesamten »Klein Venedig« fahndeten wir nach einem Liegeplatz, fragten bei der Bundesanstalt für Immobilienaufgaben, bei der Treuhand Liegenschaftsgesellschaft und bei privaten Investoren, ob sie uns einen Platz an ihrem Ufer anbieten könnten. Auch beim Wasser- und Schifffahrtsamt reichten wir immer wieder Anfragen ein, begründeten und skizzierten unser Anliegen und verpflichteten uns, einen Statiker zu bezahlen, der prüfen sollte, ob die Dalben, an denen wir unser Schiff vertäuen wollten, auch auf dem Flussgrund halten würden. Wir ernteten durchweg Absagen.

Felix fragte, ob es nicht erfolgversprechender sei, wenn die Behörde von sich aus eine Stelle benennen würde, für die wir dann einen Antrag stellen könnten. Dies sei nicht ihre Aufgabe, erklärte die Mitarbeiterin.

In der sich zuspitzenden Situation beschlossen wir, auch Politiker anzusprechen. Wir trugen unser Anliegen auf der Bezirksverordnetenversammlung Friedrichshain-Kreuzberg vor. Die Bezirkspolitiker baten ihren Baustadtrat um eine Erklärung. Der zog wieder die »mit allen Beteiligten abgestimmten See- und Uferkonzeption« aus dem Hut, ein Prozess, der nun abgeschlossen sei. Als wir ihn einen Monat später auf einer Veranstaltung trafen, erklärte er uns im Gespräch, keine weiteren Hausbootstellen in seinem Bezirk zu dulden, selbst wenn ein Immobilienbesitzer uns dies erlauben würde. Er befürchte eine Antragsflut und eine komplette Bebauung der Uferbereiche.

Hilfesuchend wandten wir uns nun an die Senatorin für Stadtentwicklung. Warum sollten wir nicht in der Rummelsburger Bucht liegen dürfen, in der drei Jahre nach dem großspurigen Wettbewerb noch kein einziges »Floating Home« schwamm und an dessen Kai deutlich mehr als nur acht Boote liegen konnten?

Die Senatorin erkundigte sich tatsächlich in ihrer Behörde und schlug uns zwei alternative Standorte vor. Leider waren ihre Informationen lückenhaft, an beiden Stellen konnten wir nicht festmachen: Die eine befand sich in einem städtebaulichen Entwicklungsgebiet, hier verweigerte uns das Bezirksamt seine Zustimmung. Die andere befand sich in einem Hafen, der genauso wie der Osthafen verkauft werden sollte.

Hoffnung keimte auf, als wir im August 2005 im Bezirk Berlin-Mitte den Antrag stellten, unser Hausboot in den Berlin-Spandauer Schifffahrtskanal legen zu dürfen. Dieser zwölf Kilometer lange Kanal verbindet die Spree mit der Havel, er führt direkt am Hauptbahnhof vorbei. Unweit davon befindet sich eine sogenannte Begegnungsstelle. Dort sind etliche Dalben verankert, damit Schiffe anlegen und

Berlin-Mitte,
Spandauer Schiff-
fahrtskanal: Wird
hier unsere neue
Heimat sein?

warten können, solange, bis die aus dem schmaleren Teil des Kanals kommenden Schiffe an ihnen vorbeigefahren sind. Eine sinnvolle Einrichtung, die an der konkreten Stelle jedoch kaum genutzt wurde.

Das zuständige Bezirksamt hätte unseren Antrag genehmigt. Als uns im September 2005 sogar vonseiten des Senats signalisiert wurde, dass wir grünes Licht bekämen, führte Felix einen Freudentanz auf. Mit dem geöffneten Schreiben in der Hand drehte er sich um die eigene Achse, sprang in die Luft und schlug die Hacken aneinander. Ein, zwei Wochen lang schmiedeten wir Pläne und dachten über die nächsten Schritte nach. Dann traf das Schreiben des Wasser- und Schifffahrtsamtes ein. Es war eine Absage.

Im Nachhinein kann man verstehen, dass die Behörde nicht prognostizieren wollte, ob in zehn Jahren die Schifffahrt möglicherweise einen neuen Boom erleben und die Begegnungsstelle dann rappelvoll sein würde. Damals traf uns die Nachricht hart: Seit Wochen war unser Räumungstermin verstrichen, der Hafenbetreiber drohte, uns Wasser und Strom abzustellen, wenn wir nicht bis Ende Oktober unseren Platz verlassen hätten. Des Weiteren behielt sich das Unternehmen Schadenersatzansprüche gegen uns vor, falls sich der für das Gelände erzielte Kaufpreis wegen unserer Anwesenheit verringern sollte.

Es war zum Verzweifeln.

»Wir könnten ja die Rummelsburger Bucht besetzen«, schlug Felix in dieser Situation vor. »Und dann machen wir eine Pressekonferenz und erklären: ›Die Floating Homes sind schon da!‹«

Natürlich hatten wir längst die im Osthafen ansässigen Grundstücksbesitzer gefragt, ob sie uns erlauben würden, mit unserem Hausboot an ihrer Kaikante zu liegen. Niemand konnte sich dazu durchringen.

Niemand – bis auf den Rechtsanwalt und Immobilieninvestor Stefan Sihler. Er hatte im Osthafen ein Grundstück mit einem alten Backsteingebäude erworben, in dem exklusive Showrooms für ebenso exklusive Modemarken entstehen sollten. Felix fragte ihn, ob wir dort liegen dürften, mittlerweile mit recht wenig Hoffnung.

Stefan Sihler gab ihm eine überraschende Antwort: Er habe vor, das Haus zu sanieren und umzubauen. Ein Jahr würde das dauern. In dieser Zeit könnten wir an der Kaikante vor der Baustelle liegen. Wir sollten uns nur nicht über Baulärm und Staub beschweren oder Schadenersatz von ihm verlangen, falls sich ein Familienmitglied beim Betreten seiner Baustelle ein Bein brechen oder in einen rostigen Nagel treten würde. Seine Aufgeschlossenheit unserem Wohnen gegenüber war ungewöhnlich. Es konnte nur daran gelegen haben, dass ein guter Freund von ihm jahrelang in einem Wohnwagen gelebt hatte.

Wir konnten unser Glück kaum fassen. Zwar war das noch immer keine dauerhafte Lösung, aber wir hatten Zeit gewonnen, in der wir weiter suchen konnten. Zwei Tage später unterzeichneten wir eine entsprechende Vereinbarung und treidelten mit unserem Schiff 100 Meter stromaufwärts.

Garten auf dem Kai. Von zwei kleinen Gärtnern angelegt.

Für unser Landstromkabel baute Felix noch eine Holzummantelung mit Auf- und Abfahrrampe, damit es von den darüber fahrenden Baufahrzeugen nicht beschädigt werden konnte. Fertig war der Umzug.

Bald darauf eröffnete uns Stefan Sihler, dass wir möglicherweise sogar zwei Jahre im Osthafen bleiben könnten. Er verhandle nämlich noch über eine benachbarte Immobilie, vor der wir dann ebenfalls festmachen könnten.

Die Aussichten wurden immer besser.

Ice Age

Und, ist's im Winter kalt bei euch?

Fast jeder, der erfährt, dass wir auf einem Hausboot wohnen, stellt die gleiche Frage.

Sie ist völlig berechtigt, schließlich sind viele Schiffe schlecht isoliert. Sie heizen sich in der wärmeren Jahreszeit schnell auf und kühlen im Winter ebenso rasch aus. Die in langer Praxis gewonnene Antwort lautet darum: Ob es auf einem Schiff kalt ist oder nicht, hängt von der Dämmung ab. Unsere 20 Zentimeter dicke Steinwolle lässt nur wenig Kälte oder Hitze ins Schiffsinnere. Den Rest besorgt ein dänischer Kaminofen mit einer Heizleistung von neun Kilowatt. Mit ihm beheizen wir Wohnküche und Kinderzimmer, ins Schlafzimmer dringt auch noch etwas Wärme. Unser Bad und die Toilette gehören im Winter zur arktischen Klimazone.

Von Eisschollen umzingelt.

Unsere Freunde und Hausbootnachbarn Sylvi und Frank nutzen ihren Ofen den ganzen Tag. Morgens um fünf Uhr springt einer von ihnen aus dem warmen Bett in die eisige Kälte und heizt den Ofen an. Das schaffen wir nicht. Für diese Tageszeit setzen wir auf den Luxus einer automatisch gesteuerten Ölheizung, die zwar Strom verbraucht, aber auch Bad und Toilette in eine gemäßigte Klimazone verwandelt, jedenfalls für ein paar Stunden.

Jahrelang spielten unsere Nachbarn sogar beim Duschen und Baden die Helden: Ihre Wanne hatten sie auf dem Schiffsheck aufgestellt, sodass sie bei der Körperpflege in den Sternenhimmel schauen konnten, zu jeder Jahreszeit. Diese Attraktion war ein beliebtes Motiv für Fotografen. Bei klirrender Kälte mussten die Abgehärteten nur aufpassen, dass ihnen die Füße nicht am Metall festfrieren. Dagegen half nur ganz schnelles Trappeln von einem Bein aufs andere. Vor wenigen Jahren installierte Frank schließlich doch eine Dusche im Inneren des Schiffes. Die Wanne blieb auf dem Dach stehen, sie wird nur noch selten benutzt.

Unser zweiter Hausboot-Winter 2005/2006 wurde richtig hart. Unser Schiff schwamm in einem Wasserloch, rings von Eis umgeben. Nachts sah man Füchse über die weiß glitzernde Spree flitzen. Ob man auch Schlittschuh laufen könnte? Eine Eisbahn direkt vor unserem Wohnzimmerfenster hätten wir prima gefunden. Wir zogen uns um und brachen nach wenigen Stolperschritten ab, fürs Eislaufen war der zugefrorene Fluss zu uneben.

Besser rutschte es sich auf der von Metall überzogenen Kaikante. Eines Morgens wollte ich an Land treten, leichtsinnigerweise mit den hohen Absätzen voran. Ich landete rückwärts in unseren Festmacherleinen, die mich wie ein Netz vor einem Sturz zwischen Schiff und Kaikante bewahrten. Bei der ganzen Aktion glitt mir auch noch mein Schlüsselbund aus der Hand und schlitterte über die Eisfläche – es war nicht mein Tag. Bei Plusgraden hätte ich allerdings nach den Schlüsseln tauchen oder mit dem für solche Zwecke angeschafften Riesenmagneten über dem Flussgrund pendeln müssen.

Es wurde Zeit, mein riesiges Landleben-Schlüsselbund auszudünnen. In einem Eimer Wasser testete ich, wie viele Schlüssel ein Anhänger aus Schaumstoff an der Wasseroberfläche halten kann, und beschränke mich seitdem auf zwei Schlüssel, mehr schafft der Anhänger nicht.

Die Kälte erschwerte auch unsere Trinkwasserversorgung: Das in den Schläuchen verbliebene Restwasser war gefroren, also holten wir die üppigen Gummiknäuel ins warme Schiff. Sie türmten sich auf dem gefliesten Küchenboden. Einen Tag lang balancierten wir über Schlauchhaufen, aus denen langsam das Tauwasser sickerte.

Nachts zeigte sich der zugefrorene Fluss von seiner unheimlichsten Seite. Die Kanten des zentimeterstarken Eises kratzten an den Außenwänden des Schiffes. Manchmal riss das Eis irgendwo, das laute Knallen übertrug sich vom Eis auf den Schiffsstahl. Es waren hochfrequente, beängstigende Geräusche, sie klangen wie das Echolot aus dem Film »Das Boot«. Ständig schreckten wir aus dem Schlaf. Felix griff zur Taschenlampe und untersuchte gründlich den Schiffsbauch auf mögliche Leckagen. Dabei lagen wir fest und schwer in unserer vom Eis definierten Wanne und wurden nicht wie kleinere Schiffe davon hochgedrückt, um bei Tauwetter mit großem Getöse wieder herunterzusacken.

Vorsichtshalber traten wir in die Vereinigte Schiffs-Versicherung ein: Diese spezielle Versicherung übernimmt die Kosten für die Bergung gesunkener Schiffen, in der Theorie wirkt dieses Versprechen durchaus beruhigend. Außerdem wurden wir auf diese Weise vollwertige Binnenschiffer, die zu den Treffen der Profis eingeladen werden: Jedes Jahr fährt die Crew von Wohnschiff »Helene« auf einem anderen Fahrgastschiff durch deutsche Gewässer und schnackt mit Schiffseignern der ganzen Republik bei Kaffee, Kuchen und anschließendem Kulturprogramm. Es ist eine ganz besondere Welt mit vielen eigenwilligen Menschen, die ihr Geld auf dem Wasser verdienen; eine Welt, in der wir uns wohlfühlen.

Energiewende

Der Winter ging vorüber, doch in Sachen Liegeplatz hatte sich nichts bewegt. An der Baustelle durften wir noch bis Ende Juni 2006 bleiben. Danach würden wir allerdings nicht nahtlos zur nächsten »Labels«-Baustelle wechseln können, weil die Verkaufsverhandlungen für dieses Grundstück nicht abgeschlossen waren. Wir mussten also eine Ausweichstelle finden, mindestens für ein halbes Jahr.

Mit diesem Anliegen wandten wir uns wieder einmal an das Wasser- und Schifffahrtsamt. Diesmal wurde uns tatsächlich geholfen. Auf der Halbinsel Alt-Stralau im Stadtbezirk Friedrichshain, etwa einen halben Kilometer von unserer damaligen Liegestelle entfernt, sei genau ein Platz zwischen einer Wartestelle für Binnenschiffer und dem Liegeplatz für das Fahrgastschiff »Bummi« frei. Nur einen Stromanschluss gäbe es dort nicht.

Das schreckte uns nicht. Aus Kostengründen hatten wir bis dato noch keine Solaranlage auf dem Schiff installiert, nun aber zwangen uns die Umstände dazu, etwas zu tun, was wir ohnehin erstrebenswert fanden: Wir wollten energetisch autark leben.

Damit betraten wir Neuland, keiner in unserem Freundes- und Bekanntenkreis kannte sich damit aus. Wie würde sich unsere Energiesituation auf unseren Alltag auswirken? Wie viele Solarmodule brauchten wir, um unseren Strombedarf zu decken? Als Leuchtmittel wollten wir ausschließlich Energiesparlampen verwenden, keine Frage. Doch wie sollten wir mit den Haushaltsgeräten verfahren? Nicht alle würden wir so schnell durch sparsame Nachfolger ersetzen können, die es damals ohnehin kaum gab. Viele Hersteller hielten es nicht einmal für nötig, die Kunden wenigstens über den Energieverbrauch ihrer Produkte zu informieren.

Felix recherchierte und rechnete: Wie viele Minuten am Tag brennt bei uns das Licht? Wie viel Energie frisst der Kühlschrank? Wie oft in der Woche stellen wir die Waschmaschine an? Wo können wir mit wenig Aufwand Energie sparen, und worauf würden wir noch warten müssen, bis die Haushaltsgeräte-Hersteller entsprechende Angebote unterbreiten? Unseren Wasserkocher verschenkten wir, auch auf die Dienste eines Geschirrspülers und eines Wäschetrockners mussten wir zunächst verzichten. Wenn wir genügend Strom hatten, blieb dieser der Waschmaschine vorbehalten und dem neuen, energiesparenden Staubsauger. Bei voller Batterie konnte man auch mal bügeln. Als Computer waren nur noch stromsparende Modelle zugelassen.

Felix baute zwei Gestelle für jeweils acht Solarzellen, die im Winter, wenn die Sonne nicht mehr so hoch am Himmel steht, steiler auf dem Dach platziert werden können. Die Anlage lädt maximal 1200 Watt in eine Blei-Säure-Batterie mit einer Kapazität von 1000 Ampere-Stunden – so viel verbrauchen wir mit zehn Waschmaschinenladungen unseres stromsparenden Modells. Ein Inverter verwandelt den in die Zwölf-Volt-Batterie geladenen Gleichstrom in 220 Volt Wechselstrom.

Unser neuer Liegeplatz befand sich zwar nur wenige Hundert Meter spreeaufwärts, führte jedoch unter der Elsenbrücke hindurch. Deshalb entschieden wir uns gegen das Treideln. Anfang Juli 2006 rollten wir unser Landstromkabel ein und lösten die Festmacherleinen. Ein Schubschiff brachte uns zu unserer neuen Liegestelle. Eine halbe Stunde später waren die Festmacherleinen wieder vertäut und verschraubt, in einer völlig neuen Umgebung.

Plötzlich lagen wir nicht mehr in einem Industriehafen, sondern vor grünen Bäumen und Hecken mit Blick auf einen grünen Park. Es war wie im Paradies, ein völlig neues Lebensgefühl. 200 Meter vom Schiff entfernt befand sich eine Strandbar, in der wir mit unseren Söhnen bald Stammgäste werden sollten, um dort das deutsche Sommermärchen zu verfolgen, die Spiele der in Deutschland ausgetragenen Fuß-

Wind und Sonne – unsere Energie- lieferanten.

ballweltmeisterschaft. Rasch machten wir uns auch mit den zahlreichen Anglern bekannt, die sich abends mit Vorliebe vor und hinter der »Helene« postieren, weil die Strömung viele Äste und Zweige darunter treibt, was die Fische wiederum als Versteck zu schätzen wissen.

Auf einem riesigen verwilderten Gelände direkt hinter der »Helene« standen fünf zum Wohnen ausgebaute Laster. Wir waren gerade angekommen und ruhten uns auf der Terrasse aus, als ein lautes »Platsch«-Geräusch den schreckbehafteten Beginn einer wunderbaren Freundschaft mit einem unserer neuen Nachbarn markierte. Sofort dachte ich an unseren vierjährigen Oscar, der noch nicht die Schule der Schwimm-Domina durchlaufen hatte. War er etwa ins Wasser gefallen? Nach Bruchteilen von Sekunden die Entwarnung: Es war Heinrich, ein Mann mit einem eigenwilligen Kopf, nicht nur äußerlich betrachtet. Er hatte vor unserem Bug sein tägliches Bad in der Spree genommen.

Der Laderegler für den Windstromgenerator – er regelt den Ladestrom des Windrades für die Batterie.

Der Solarlade-
regler – er regelt
den Ladestrom der
Solaranlage für die
Batterie.

Seit 16 Jahren lebte er auf etwa 20 mobilen Quadratmetern, täglich machte er sich Gedanken um Energie, um Regenwasser, das er in einer Tonne auffing, und darum, wie man Müll trennt und vermeidet – Themen, die sich nun auch in unserem Leben in den Vordergrund drängten. Heinrich hatte Physik studiert. Eine Seite seines Wohnwagens bedeckte eine mit diversen Formeln beschriebene Tafel. Jedes berechenbare Problem ging er zunächst theoretisch an.

»Da suchst du dir den spezifischen Wärmeleitkoeffizienten heraus, ziehst die dritte Quadratwurzel und leitest das Ganze nach ›q‹ ab ...«, so in etwa lauteten seine Lösungsvorschläge.

Wenn die Sonne ihm keinen Strom lieferte, erzeugte Heinrich die Energie für seinen Fernseher mit dem Fahrrad. Einmal besuchte Felix den Fußball guckenden Stromstrampler und wunderte sich:

»Wieso machst du den Ton nicht an?«

»Dafür reicht meine Kondition nicht«, antwortete Heinrich. Für diesen Luxus hätte er stärker in die Pedale treten müssen.

An die Tafel, bitte! In Heinrichs Wohnwagen wird gerechnet.

Abendelang diskutierten die beiden Gleichgesinnten, wie man die Energieversorgung unseres Schiffes verbessern könnte. Heinrich schlug vor, ein Windrad anzuschaffen. Er selbst hatte dies für seinen Wohnwagen überlegt, die Idee aber wieder verworfen. Übrig geblieben war eine acht Meter lange Stahlstange, die er uns quasi als Motivations-Bonbon schenkte. Den »Southwest Whisper« bezogen wir aus den USA. Dort wird so manch einsam gelegene Farm auf diese Weise mit elektrischer Energie versorgt.

Gemeinsam mit Freunden zogen wir das am Ende der Stange befestigte Windrad in die Höhe, Stahlseile halten es auf dem Dach der »Helene« fest. An windigen Tagen drehen sich nun die Rotorenblätter und erzeugen bis zu 900 Watt, sogar in der Nacht. Nur wenn Orkane oder Sturmtiefs über Berlin hinwegbrausen, schalten wir das Gerät vorsichtshalber ab.

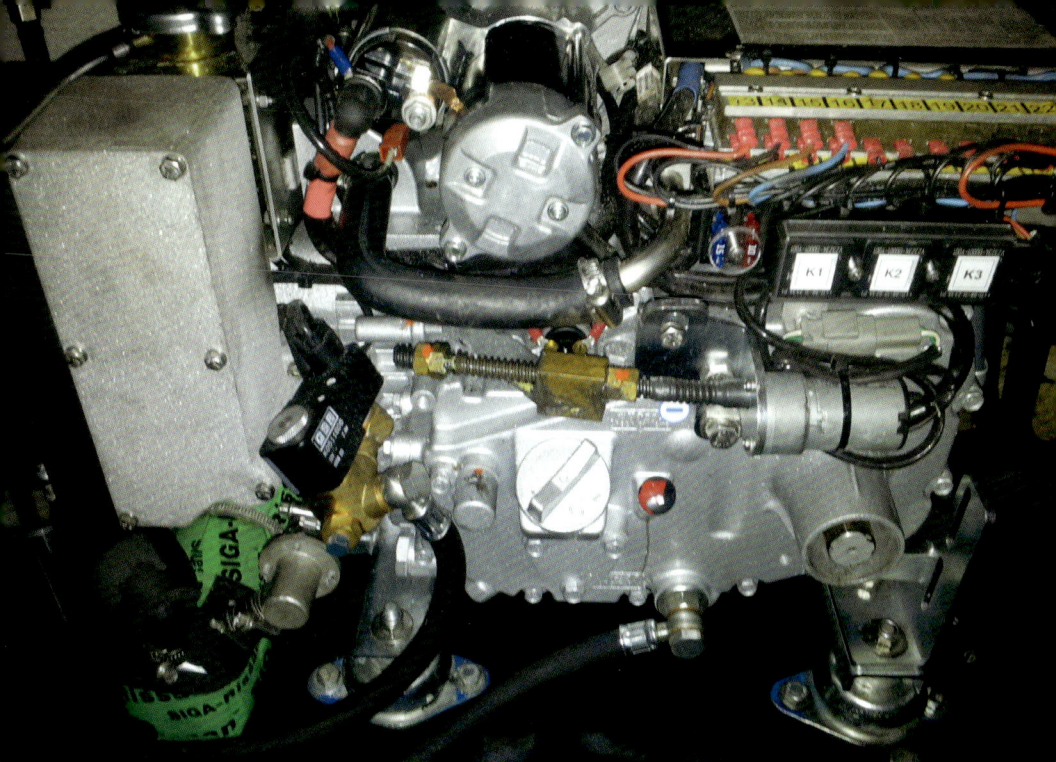

Der kleine
Knattermann

*Fischer Panda
Marine-Generator –
zum Blockheizkraft-
werk umgebaut.*

Sonne und Wind sind zuverlässige Energielieferanten,
aber leider nur von März bis Oktober in ausreichen-
dem Maße vorhanden. Ohne Generator heißt es ab
November: Wir haben nicht genug Strom!

Tom war enttäuscht. Hatten wir ihm doch großspurig
erklärt, dass wir mit unserem Energiekonzept allen anderen eine lange Nase zeigen könnten, falls es in der Stadt
mal Stromausfall gäbe. Stattdessen waren wir diejenigen,
die ständig keinen Strom hatten. Wenn es dunkel wurde,
zündeten wir Kerzen an und setzten uns batteriebetriebe-

ne Kopflampen auf. Wie einäugige Zyklopen schlichen wir im Schiff umher. Unsere Wäsche schleppten wir wöchentlich in einen Waschsalon und wieder zurück. Da auch die Wasserpumpe elektrisch betrieben wird, holten wir das Spülwasser für die Toilette mit Eimern aus der Spree, das Trinkwasser kauften wir im Supermarkt. Das war kein Dauerzustand.

Heinrich empfahl, in unseren Aggregatraum ein kleines Blockheizkraftwerk einzubauen. Dieses besteht aus einem wassergekühlten Dieselmotor, der würde unsere Bordbatterie laden, aber – wie jeder Motor – auch Wärme erzeugen. Statt nutzlos die Atmosphäre aufzuheizen, fließt die Motorenwärme in unseren Heizkreislauf, der Kaminofen erhielte Unterstützung. Auf diese Weise nutzt ein Blockheizkraftwerk fast 80 Prozent des Kraftstoffpotenzials, es arbeitet wesentlich effizienter als ein herkömmlicher Generator.

Kaufen konnte man solche netzunabhängigen Systeme für Endverbraucher noch nicht, Basteln war angesagt. Zunächst brauchten wir einen sehr kleinen Motor, weil es effizienter ist, einen kleinen Motor lange laufen zu lassen als einen größeren Motor für kürzere Zeit. Unser Modell bezogen wir aus China, denn in der Liga von zwei Kilowatt gab es nur den »Jiang Dong«. Bei einem Autoteilehändler fanden wir eine Lichtmaschine von einem alten BMW, die würde unser Generator sein. Da wir nicht wussten, wie viel elektrische Leistung unser Motor produzieren würde, war die Lichtmaschine letztlich überdimensioniert, der kleine Motor schaffte es nicht, sie zu drehen. Dieses Problem bekamen Felix und Heinrich in den Griff, indem sie in das Erregerfeld der Lichtmaschine einen Widerstand einbauten und somit die Leistung drosselten.

Abend für Abend lötete Felix in dem kalten Raum am Heck des Schiffes, er bohrte, schliff und schraubte, bis er uns eines Abends mit dem »Kleinen Knattermann« vertraut machte. Der sollte die stromlose Zeit beenden. Allerdings konnte nur sein Konstrukteur ihn in Betrieb versetzen. Das Ankurbeln des Motors erforderte immense Kraft.

Prototyp 1. Erster Versuch mit einem »Jiang Dong«-Motor.

Eines Nachts, ich war gerade am Einschlafen, wankte Felix ins Schlafzimmer. Er stöhnte leise.

Ich fuhr hoch. »Was ist los?«

Stöhnen statt einer Antwort. Felix hielt sich den Arm, seine Finger waren blutbeschmiert.

»Jetzt sag endlich, was los ist!«

Beim Verarzten der Wunde erfuhr ich es endlich. Felix war beim Ankurbeln abgerutscht und mit dem Arm auf den Vierkant eines Ventils geknallt.

Einen Winter lang lieferte uns das Blockheizkraftwerk Strom, nicht selten erst, nachdem der Schiffsherr fluchend seinen dick wattierten Blaumann angezogen und in klirrender Kälte an irgendwelchen Verbindungen geschraubt hatte. Mitleidig versorgte ich ihn in solchen Momenten mit heißem Tee und liebevoll geschmierten Broten. Manchmal unterstützte auch unser »LI« – der »Leitende Ingenieur« Heinrich – die Reparaturarbeiten. Wie einem Chirurgen reichte er Felix die Werkzeuge zu. Als »Spiritus Rector« fühlte er sich verantwortlich für das Gelingen dieses problembehafteten Projekts.

Dann aber verendete das Blockheizkraftwerk vollends. So sehr sich seine beiden Väter auch darum bemühten, sie konnten es nicht mehr wiederbeleben. Der Motor hatte sich überhitzt, weil er ohne Thermostatventil auskommen musste, das im entscheidenden Moment für kühlendes Wasser gesorgt hätte. Wieder setzten wir die Kopflampen auf und schleppten unsere Wäsche in den Waschsalon.

Felix gab nicht auf, er besorgte einen Nachfolger. Selbstverständlich bekam dieser ein Thermostatventil, aber auch er stieg nach anderthalb Wintern aus, lief nur noch im Standgas und produzierte keinen Strom mehr. Warum das so war, hat nicht einmal der »LI« herausgefunden.

Auf »Jiang Dong« folgte der »Kubota EA 200«. Problemlos ging er mit der wechselnden Wärmeentwicklung des Motors um, kühlte ihn zuverlässig, wenn er große Leistungen zu erbringen hatte. Doch auch er versagte am Ende eines langen Winters seinen Dienst. Die umfangreiche Obduktion des Motors ergab: Der Schlauch der Kurbelgehäuse-Entlüftung führte vor dem Luftfilter und nicht hinter ihm in den Ansaugtrakt. So verölte der Luftfilter, er wurde undurchlässiger. Der Motor bekam zu wenig Verbrennungsluft, er produzierte viel Ruß, der sich wiederum im Schmieröl absetzte. Das wurde ganz pastös und schmierte weder die Pleuellager noch den Zylinderkolben. Der Motor war völlig zerstört.

Nach diesem dritten Versuch hatte Felix genug vom Basteln. Mittlerweile waren mehrere Tausend Euro in das Projekt Blockheizkraftwerk geflossen. Nach fünfjähriger Bastelei war Felix bereit, die gleiche Summe in ein aufeinander abgestimmtes System von »Fischer Panda« zu investieren. Da dieses für die Nutzung auf Yachten entwickelt worden war, blieb es auch hier nicht beim »Bezahlen, Einbauen und Benutzen« – es musste noch an unsere Bedürfnisse angepasst werden.

Statt des vorgesehenen seewassergekühlten Nassauspuffs orderten wir ein Modell mit Trockenauspuff, denn auf der »Helene« wird die Abwärme des Motors nicht ins Flusswasser geleitet, sondern über einen Wärmetauscher in den Heizkreislauf eingespeist. Darum ist der Wärmetauscher in unserem System sehr viel größer, als vom Hersteller vorgesehen. Zum Schluss bekam unser Neuling noch zwei Schalldämpfer.

Störungsfrei begleitet er uns nun schon seit mehreren Wintern. Die Lämpchen einer Anzeigentafel blinken grün, wenn sich Öldruck und Motortemperatur im Normbereich befinden. Selbstverständlich wird der Motor ausreichend gekühlt, bei Störungen schaltet sich das System vorbeugend ab, nicht wie bei den selbst gebauten Modellen, bei denen ein Abbruch des Motorenlaufs fast immer mit dem Tod der Maschine einherging.

Ich liebe das gleichmäßige Brummen des Motors, steht es doch für Wärme und Energie, mit der unsere Batterie geladen und gleichzeitig unser Geschirr gespült, unsere Wäsche gewaschen und getrocknet wird. Selbstverständlich wird das Herzstück unserer winterlichen Stromversorgung von uns gehegt und gepflegt. Nach 100 Betriebsstunden gibt es einen Ölwechsel, nur das teuerste Motorenöl ist gut genug für ihn. Obendrein wachen ein Rauchmelder und ein Wassersensor über sein Wohlergehen.

Das Schönste ist, dass unser Generator sich nun von jedem Bootsbewohner anwerfen lässt – per Knopfdruck. Anschließend starten wir den Wäschetrockner, die Wasch- oder Geschirrspülmaschine. Der Betrieb unserer energieeffizienten Haushaltsgeräte dauert mehrere Stunden, in denen wir das Blockheizkraftwerk nicht unbeaufsichtigt lassen. In den Augen unseres mittlerweile jugendlichen Tom ist die Motorwache ein sogenannter No-Job, eine ungeliebte Sache, die man auch gern mal dem ahnungslosen Jüngeren übergibt. Zuvor schreibt der pflichtbewusste Ältere noch einen Zettel für Oscar:

geilo Motorwache
1. Circa alle 30 Minuten den Motor abchecken! Läuft bei ihm?
2. Bei krassem Problem alle Stromsauger ausschalten!
3. Auch immer die Kabel hinter dem Inverter checken, damit die Bombe nicht hochgeht!
4. Wenn Scheiße ist ganz BÖSE am Dampfen – > Kippschalter ausmachen!
5. Wenn nichts hilft, entweder Chef Papa anrufen oder ins Wasser springen und auf großen Knall warten!

Auf Stralau

lt Stralau ist eine der teuersten Wohngegenden Berlins. Der Uferweg, der über die gesamte Halbinsel und auch an unserem Boot vorbeiführt, ist bei Joggern, Spaziergängern und Radfahrern so beliebt, dass wir schon häufig darüber spekuliert haben, wie lukrativ hier der Verkauf von Eis, Latte macchiato oder Glühwein sein müsste.

Die einen Quadratkilometer große Halbinsel wird im Norden von der Rummelsburger Bucht begrenzt, jenem verlandeten Seitenarm der Spree, deren 50 Meter breiter Hauptarm südlich entlang der Insel fließt. Im Mittelalter lebten hier Fischer, sie begründeten den bis Ende des 19. Jahrhunderts stattfindenden »Stralauer Fischzug«. Er läutete das jährliche Ende der Schonzeit für die Fische ein, von Ostern

Heimathafen Stralau. Fahrgastschiff »Stralau«.

bis Bartholomäus am 24. August durften sie nicht gefangen werden.

Nachdem Prinz August Ferdinand, der jüngste Bruder von Friedrich II., 1780 das Fest besucht hatte, wurde dieses immer populärer – schon damals funktionierte das Marketing mit Prominenten. Ende des 19. Jahrhunderts diente das Anfischen als Vorwand für eine einwöchige, bis zu 70 000 Leute starke Kostümparty mit Karussells, Glücks- und Schaubuden, Wurst- und Kaffeeküchen auf Stralau und dem am gegenüberliegenden Spreeufer befindlichen Treptow. Dazwischen fuhren die Kähne hin und her, dicht an dicht. Dabei wurde gesungen und geflirtet.

Den »Fischzug« kann man durchaus als Vorläufer des später in München kreierten Oktoberfests bezeichnen, hier wie dort liebten und prügelten sich die Betrunkenen ungeniert. Bei diesem Zeitvertreib fiel auch der ein oder andere ins Wasser und ertrank. Nachdem 1871 der Ort auch noch ans Bahnnetz angeschlossen worden war, muss es dem Stralauer Amtsvorsteher gereicht haben. Am 23. August 1873 erwirkte er beim Polizeipräsidenten ein Verbot der Feier, deren Tradition danach nie wieder richtig auflebte.

Mit dem Bahnanschluss siedelte sich immer mehr Industrie auf der Halbinsel an: eine Brauerei in guter Nachbarschaft zur Glasfabrik, eine Weberei, eine Teppich- und eine Asphaltfabrik, eine Palmkernöl- und Schwefelkohlenstoff-Fabrik, Mörtelwerke, ebenso Bootswerften. Nicht alle Fabriken schonten das umliegende Gewässer, in der DDR scherte man sich ebenfalls wenig um den Umweltschutz.

1972 wurde am Ufer der Rummelsburger Bucht eine Szene des Films »Die Legende von Paul und Paula« gedreht: In einem bunt bemalten Lastkahn, in dem ein ebenso bunt bemaltes Bett steht, segelt das Liebespaar über das hochgiftige Wasser. Seit 1998 trägt dieser Uferabschnitt mit Blick auf den alten, noch aus der Kolonialzeit stammenden Palmkernölspeicher den Namen »Paul-und-Paula-Ufer«.

Nach dem Fall der Mauer verschwand die Industrie von der Halbinsel, ihre Schwermetall-Hinterlassenschaften blie-

ben. Alt-Stralau wurde städtisches Entwicklungsgebiet und
der Rummelsburger See Ende der 1990er-Jahre aufwendig
saniert. Nur ein zehn, 15 Meter breiter Streifen am westlichen Ufer kam nicht in diesen Genuss: Die Spundwand
war zu marode, um die Bagger zu tragen, die den vergifteten
Boden auch dort hätten abtragen können. Für die Reparatur
der Spundwand fehlte das Geld. So riecht es an diesem Ge-
wässerabschnitt noch immer wie auf einer Tankstelle.

Seit der Jahrtausendwende boomt auf der Insel der Bau
von Luxuswohnungen, selbst die einst vergitterten Gebäude des ehemaligen Gefängnisses in Rummelsburg werden
mittlerweile zu Höchstpreisen bewohnt. Unablässig drehen
sich die Baukräne, irgendwann wird jeder Quadratzenti-
meter dieser »Gartenstadt mit Wasserblick« besiedelt sein.
Dort, wo 1817 nur 76 Einwohner lebten, sind es heute fünf-
zigmal so viele.

Als die »Helene« an der Halbinsel anlegte, war diese Entwicklung in vollem Gange. Ein halbes Jahr später mussten
die benachbarten Wagenburg-Bewohner ihren Platz verlassen. Zehn Jahre lang hatten sie hier naturschonend gelebt,
hatten ihre Energie aus der Sonne gewonnen, das Regenwasser zum Waschen genutzt, eine Komposttoilette angelegt, eine Zeit lang auch Hühner gehalten. Einen neuen Platz
für die fünf Wohnmobile zu finden war genauso schwierig
wie einen Liegeplatz für ein Hausboot.

Ein paar Monate lang stand Heinrich an den unterschiedlichsten Plätzen, dann deklarierte Berlin seine Innenstadt
zur Umweltzone. Da der Vertriebene nicht außerhalb dieser stehen wollte, aber auch keine Lust verspürte, sein über
30 Jahre altes Gefährt zum Vorzeige-Oldtimer mit Ausnahmegenehmigung aufzuhübschen, verkaufte er seinen Laster
und zog zu seiner Frau. Zu ihrer kleinen gemütlichen Dach-
wohnung gehört ein wunderschöner Stadtgarten, in dem
Heinrich nun Obst und Gemüse zieht und mit diebischen
Eichhörnchen um die Erträge seines Nussbaumes kämpft.

Glücklicherweise wurden die Häuser, die nun auf dem
Gelände stehen, wo einst Heinrichs Laster parkte, erst nach

unserer Ankunft erbaut. Andernfalls wären die Anfeindungen gegenüber unserer Wohnform wohl wesentlich schärfer gewesen. So aber blieb es bei dem Hinweis eines älteren Herrn, der mir einige Wochen nach unserer Ankunft erklärte: »Das ist aber kein Dauerliegeplatz für Hausboote!«

Überwiegend jedoch reagieren die an unserem Schiff vorbeiflanierenden und -fahrenden Menschen freundlich-interessiert auf unsere Anwesenheit, sie beobachten uns neugierig von der Landseite, schauen von der Wasserseite in unsere Fenster herein, etliche sprechen uns auch an. Je nach Gegenüber und Tageslaune beantworten wir die vielen Fragen. Einmal hatte Felix darauf überhaupt keine Lust und behauptete einfach, hier nur der Hausmeister zu sein.

Ich musste über diese originelle Ausrede lachen, finde aber die Fragen zu unserer exotischen Wohnform berechtigt. Wer unser schwankendes Heim sieht, will wissen, wer dort wohnt und wie sich das von einem Haus unterscheidet, ob wir frieren, ob uns schlecht wird und ob uns manchmal das Geschirr aus dem Schrank fällt. Wir leben auf einem Präsentierteller und müssen uns solchen Fragen stellen.

Felix kam dann auf die Idee, dieses Hausbootbuch zu schreiben.

Rummelsburger See, Westufer: Kulisse für den Kultfilm »Die Legende von Paul und Paula« (vorhergehende Doppelseite).

Odyssee

V on der »Helene« aus in ein Motorboot einsteigen und mit diesem raus ins Grüne oder rein ins Stadtzentrum fahren? Ein schöner Gedanke. Flugs hatte Felix ein ehemaliges Patrouillenboot ausgespäht: acht Meter lang, mit geräumiger, überplanter Kajüte, schwarzem Rumpf, giftgrünem Dach, üppigem, in gleicher Farbe gehaltenen Deck und rot gestrichenem Wasserpass. Sein Besitzer war vor Kurzem gestorben. Er hatte sehr an dem kleinen Boot gehangen, das den Namen seines Enkels trug.

Dietz an der Lahn war der Heimathafen von »Philip«; seinem neuen Besitzer standen rund 800 Kilometer Wasserweg bevor, über malerische Gewässer, durch den riesigen, reißenden Rhein und den langweilig-kargen Mittellandkanal bis an die Spree. Gern hätte er den acht Jahre alten Tom als Beifahrer mitgenommen, doch dessen Ferien begannen erst

»Philip«. Unsere Flotte wächst.

in einer Woche. So lange wollte Felix nicht warten. Allein war er bereits über die Lahn bis zum Rhein gefahren, als wir von einem Schiffsunglück bei Köln hörten.

Das Frachtschiff »Excelsior« war nach Rotterdam unterwegs gewesen, auf seinem Rücken befanden sich 103 Container, in vier Lagen verzurrt. Beim Beladen hatte der Kapitän nicht beachtet, dass sich die schwereren Container überwiegend auf der Steuerbordseite des Schiffes versammelten, auch türmten sich schwerere Container über leichteren.

Die »Excelsior« hatte dramatische Schräglage. Das war den beiden Schiffsführern auch aufgefallen. Einer von ihnen entschloss sich, Ballastwasser aufzunehmen, um das Schiff zu stabilisieren. Als er merkte, dass er damit das Gegenteil erreicht, ja sogar die Schräglage verstärkt hatte, wollte er die Fahrt abbrechen und vor Anker gehen. Dazu musste er das Schiff wenden. Während dieses Manövers gerieten die Container endgültig ins Rutschen. 32 von ihnen fielen wie bunte Spielzeugklötzchen über Bord, darunter auch Gefahrgutbehälter. Einige versanken, andere trieben mit hohem Tempo kilometerweit flussabwärts, alle gefährdeten den Schiffsverkehr. Der Rhein wurde für unbestimmte Zeit gesperrt, Hunderte von Berufs- und Sportschiffen stauten sich zwischen Mainz und Duisburg.

Sogar die »Logo«-Kindernachrichten berichteten davon. »Da wird sich Papa wohl gleich bei uns melden«, meinte ich zu Tom. So war es auch. Warten oder nach Hause fahren? Da keiner sagen konnte, wie lange es dauern würde, die Container mit diversem Spezialgerät aus dem Fluss zu fischen, begab sich Felix auf den Heimweg, »Philip« parkte er auf dem Rhein. Nach fünf Tagen wurde die Sperrung aufgehoben. Mittlerweile hatten die Osterferien begonnen und Tom konnte seinen Vater begleiten – eine geradezu schicksalhafte Fügung, wie sich noch zeigen sollte.

Als die beiden Bootsfahrer nämlich den Mittellandkanal passierten, heulte plötzlich der Motor auf, diverse Kontrolllampen blinkten auf der Anzeigentafel, und »Philip« brauste mit Höchstgeschwindigkeit durch den 40, 50 Meter breiten

Kanal. Die Kraftstoffzufuhr ließ sich nicht mehr drosseln, das kleine, giftgrüne Boot verwandelte sich in ein nicht mehr zu bremsendes Geschoss.

Im Tank war noch reichlich Kraftstoff. »Philip« würde damit noch weit kommen, es sei denn, ein Hindernis würde seiner Fahrt ein unsanftes Ende bereiten. Felix wurde schlecht bei dem Gedanken, das soeben erworbene Schiffchen bald in einen Schrotthaufen zu verwandeln, ganz abgesehen von der Verletzungsgefahr für die Besatzung.

Er überlegte: Wenn er die Kraftstoffzufuhr unterbräche, könnte sich der Motor noch eine Weile mit dem Rest aus den Leitungen versorgen. Wo er seinen letzten Arbeitshub tätigen und »Philip« zum Stehen kommen würde, wäre ungewiss.

Nun wird der Mittellandkanal von steilen Spundwänden mit ebenso steilen Uferböschungen begrenzt, zuweilen auch von vorgelagerten Spundwänden, über die man kaum an Land gelangt. Das Boot musste also präzise an einer zum Anlegen geeigneten Stelle gestoppt werden.

Felix weckte Tom, den Ferien-Langschläfer. Der hatte vor einem halben Jahr begonnen, auf einem Optimist segeln zu lernen, und hatte auch das Patrouillenboot bereits einige Stunden lang unter Aufsicht seines Vaters gelenkt. Jetzt wurde er aus seinen Träumen gerissen und nur mit seiner Boxershorts bekleidet ans Steuer des vorwärts brausenden Gefährts gesetzt. »Bleib immer in der Mitte!«, schärfte Felix ihm ein. Tom empfand keine Angst, im Gegenteil: Endlich fuhr die Kiste mal mit Vollgas!

Felix suchte sich eine Plastiktüte und ein langes Seil. Er kletterte auf den Bug, vertäute das Festmacherende an einer Klampe und öffnete die riesige Metallklappe, unter welcher der alte Mercedes-Diesel Höchstleistungen vollbrachte. Sie befanden sich kurz vor einer Straßenbrücke, dort sollte das Schiff halten.

Felix wollte den Motor ersticken. Er stülpte die Plastiktüte über den Luftfilter, kurz darauf verstummte der Diesel. Mit dem verbliebenen Schwung glitt das Boot übers Wasser,

*Kleines Boot mit
großem Sonnendeck.*

gefühlvoll lenkte Tom in Richtung Ufer. Sein Vater sprang
an Land, wo er »Philip« weiter in Richtung Brücke zog und
festmachte.

Noch war das Abenteuer nicht beendet, das Schiff musste schließlich wieder flott gemacht werden. In solchen
Momenten war es gut, dass man Heinrich anrufen konnte,
unseren persönlichen »LI«.

Per Ferndiagnose mutmaßte er, dass im Ansaugtrakt
wohl kein Unterdruck geherrscht hatte, als das Boot mit
Vollgas über den Kanal flitzte. Dieser Unterdruck wird über
eine Drosselklappe gesteuert, diese wiederum über das Gas-

pedal. Hinter der Drosselklappe befindet sich ein Schlauch aus Hartplastik, auf dem ein Gummiverbinder sitzt.

Schwarz, rund und brüchig lag dieser in Felix' Hand, als er seinem Sohn erklärte, dass sie nun einige Zeit brauchen würden, um in dieser öden Gegend Ersatz aufzutreiben. Ein längerer Fußmarsch führte die beiden schließlich zu einem Rasenmähervertrieb. Dort fand Felix einen kleinen Kraftstoffschlauch, den er statt des Gummiverbinders nutzen konnte. Anstandslos übernahm das Provisorium den Job seines Vorgängers.

In Berlin luden wir fortan alle unsere Bekannten und Verwandten zu einer Bootstour mit und ohne Picknick ein. Es war schön, monatelang per »Philip« die Stadt von der ungewohnten Wasserseite aus zu erkunden. Bald aber kannten wir jedes Ausflugsziel mit Anlegemöglichkeit, ob draußen im Grünen oder im Stadtzentrum. Das Bootfahren wurde langweilig, und Felix störte sich zunehmend an dem zwar verlässlichen, aber äußerst lauten und stinkenden Dieselmotor.

Ein letztes Mal fuhren wir noch mit unserem Beiboot durch das winterlich verschneite Berlin, unser Ziel war der Weihnachtsmarkt auf dem Gendarmenmarkt. Dorthin auf dem noch eisfreien Wasserweg zu gelangen fanden wir ziemlich extravagant. Im Frühjahr wechselte das abenteuerlich gereiste Boot dann aber seinen Besitzer.

Aufgegeben

Mit unserem »Philip« hatten wir auch Susanne von Gersdorff einen Besuch abgestattet, einer Hausbootbesitzerin mit ebenfalls ungeklärter Liegeplatzsituation.

Seit 1999 lebte sie mit ihren beiden Söhnen auf einem alten Bauhüttenschiff. Sie lag mit ihrer »Orion« in einer Werft, bis der Betreiber 2005 sein Gewerbe aufgab und das Gelände an die Wasserstadt GmbH übergeben wurde. Die hatte nicht nur in der Rummelsburger Bucht, sondern auch an der Oberhavel die Aufgabe übernommen, am Wasser befindliche Industriebrachen zu sanieren und an Investoren zu verkaufen.

Im ersten Akt wurde allen, die in der Werft auf ihren Schiffen gelebt hatten, das Wege- und Leitungsrecht gekündigt – sie sollten weder das Ufergelände betreten noch

Ehemalige Bauhüttenschiffe. Die »Orion« ähnelt der »Helene«.

Strom- und Telefonleitungen darüberführen dürfen. Demonstrativ zäunte die Entwicklungsgesellschaft das riesige Areal bis an die Wasserkante ein und drohte, die Leitungen zu kappen. Wie eine Kriegserklärung empfand die »Orion«-Besitzerin diese Maßnahmen. Familienmitglieder und Besucher samt Einkäufen oder Fahrrädern schwebten immer einen bangen Moment über dem kalten Wasser, wenn sie sich um die Absperrung herumschlängelten.

Verzweifelt suchte Susanne nach einem neuen Liegeplatz, einen, der sich möglichst in der Nähe von Schule und Freunden ihrer Söhne befand. Im Interesse ihrer Kinder wollte sie sich nicht einfach irgendwo hinlegen, sondern den legalen Weg beschreiten. Immer wieder erkundigte sie sich bei diversen Behörden. Ihr Resümee: »Ich rannte von A nach B und wieder zurück.«

Unter dem Druck diverser Klagen vergrößerte sie ihr Suchgebiet. Bei Polizei und Feuerwehr erkundigte sie sich nach stillgelegten Häfen. Sie fragte Eigentümer von brachliegenden Ufergrundstücken, im Gegenzug wollte sie auf deren Gelände aufpassen. Doch die Angesprochenen befürchteten, irgendwann einmal Ärger mit dem Hausboot zu bekommen, und lehnten ab.

Dann wollte die Wasserstadt GmbH Susanne und den übrigen Schiffsbewohnern den Zutritt zum Gelände verbieten und zog vor Gericht. Dort sah es zunächst gar nicht so schlecht für die Beklagten aus. Der Richter erkundigte sich bei den Vertretern der Entwicklungsgesellschaft, ob man wirklich das gesamte Gelände sperren müsse oder den Bewohnern nicht einen kleinen Pfad lassen könne. Er fragte auch, ob man nicht mit einem Beiboot zur »Orion« gelangen könne. In diesem Moment dachte Susanne nicht lange nach. Unter allen Umständen wollte sie ihren Liegeplatz halten.

Sie antwortete: »Na, klar!« – ohne zu bedenken, dass die Wasserfläche im Winter gefrieren kann und dass ihr damals vierzehnjähriger Jüngster noch kein Motorboot führen durfte. Bis zu seinem 16. Geburtstag wäre er immer auf fremde Hilfe angewiesen gewesen. Der Richter entschied daraufhin zugunsten der Wasserstadt GmbH. Fortan konnten die Bewohner der »Orion« ihr Heim nur noch auf dem Wasserweg erreichen. Als Nächstes flatterte eine Räumungsklage aufs Hausboot. Die Juristen der Entwicklungsgesellschaft drohten, das Schiff auf Kosten ihrer Besitzerin wegzuschleppen.

Susanne entschloss sich, das Alternativangebot der Wasserstadt GmbH anzunehmen: Sie zog in ein benachbartes Entwicklungsgebiet, obwohl die Zukunft an der öden Brachfläche mit den trockenen Grasbüscheln, über die der Wind pfiff, genauso ungewiss war und sie einen aufwendigen, rund 5000 Euro teuren Umzug bewältigen musste. Für die Befestigung der »Orion« ließ sie einen Dalben in den Ufergrund rammen und vor ihrem Landsteg einen Zaun als Schutz vor ungebetenen Besuchern anbringen. Obendrein hob die Familie mithilfe eines Radladers einen 60 Meter langen Schacht für Strom- und Telefonleitungen aus.

Im Sommer 2007 steuerten wir dann die »Orion« mit unserem Beiboot an. Seit über einem Jahr lebte Susanne schon dort, noch immer mit der steten Frage im Hinterkopf, wohin sie ausweichen sollte, falls sie auch dieses Fleckchen verlassen müsste.

Zwei Jahre später war es so weit: Das Entwicklungsgebiet wurde an einen Investor veräußert, der monatlich eine üppige Liegegebühr forderte, ohne dafür irgendeine Infrastruktur anzubieten. Jahrelang hatte Susanne gekämpft, doch jetzt merkte sie, wie empfindlich sie geworden war, wie sehr es sie mitnahm, jeden Tag über die Zukunft ihres Schiffes nachzudenken. »Ich fühlte mich ausgelutscht«, gestand sie mir.

Sie beschloss, die »Orion« zu versteigern, ein schmerzhafter Prozess, der sich durch rechtliche Streitigkeiten mit dem ersten Bieter über zwei Jahre hinzog.

Schweren Herzens ging sie schließlich von Bord. Bis heute begleitet sie die Trauer über das verlorene Leben auf dem Wasser, auch wenn sie sich ihr Bedürfnis, möglichst viel Zeit in der Natur zu verbringen, nun auf dem Rücken ihres Pferdes erfüllt.

Das Kettensägen-Massaker

Nicht weit von unserem Liegeplatz befindet sich der Landwehrkanal, der seit Mitte des 19. Jahrhunderts den Durchgangsverkehr auf der Spree entlastet. Er verlief außerhalb der Berliner Stadtmauern, befand sich also ursprünglich weit weg vom Schuss. Spätestens seit dem Fall der Mauer gelten die Bezirke, durch die der Landwehrkanal führt, jedoch als innerstädtisch.

Zu seinen Ufern verläuft einer der größten und beliebtesten Grünzüge. Kaum schaut die Sonne heraus, flanieren die Menschen auf den hiesigen Wanderwegen dicht an dicht. Auch auf dem Wasser tobt das Leben, und seitdem Berlin

Schicksal. Die Entscheidung über unseren Liegeplatz wird auch von den Bäumen am Landwehrkanal beeinflusst.

115

zum touristischen Magneten wurde, passierten immer mehr Schiffe den Kanal, und die Ausflugsdampfer, die ihren Gästen eine flotte »Brückenfahrt« durch den Landwehrkanal anbieten, wurden größer und größer.

Im Juni 2007 kletterte auf einen der etwa 20 Meter hohen Uferbäume ein Holzfäller. Routiniert trennte er die starken Äste mit einer Motorsäge ab. Sie fielen ans Ufer und in den Kanal, wo auf einem Arbeitsprahm bereits ein Bagger wartete, diese mit seinem Stahlmaul ergriff und in einen bereitstehenden Schubleichter verfrachtete. An der Krone des nunmehr armlosen Riesen wurde ein Stahlseil befestigt. Dann heulte wieder die Motorsäge, ließ den Baum kleiner und kleiner werden, bis nur noch ein Stumpf mit Wurzeln von ihm übrig blieb.

»Ej, habt ihr überhaupt die Genehmigung?«, rief eine Mutige den Mitarbeitern des Wasser- und Schifffahrtsamtes zu. Irritiert beobachtete sie gemeinsam mit anderen Anwohnern das Treiben, das sich hinter einem Absperrgitter vollzog. Sie nahmen zunächst an, der gefällte Baum sei krank gewesen. Doch bald erfuhren die Berliner von dem Plan, der fast alle Bäume des elf Kilometer langen Landwehrkanals bedrohte.

Tag für Tag, Jahr für Jahr hatten die Schrauben der Schiffsmotoren den Grund des Kanals aufgewühlt und die unter Wasser befindlichen hölzernen Spundwände unterspült, bis im April 2007 die Anlegestelle einer großen Reederei in den Kanal gestürzt war. Zwei Wochen später sackte an einer weiteren Stelle der Boden ab. Daraufhin untersuchten Taucher den Kanal und bestätigten, was alle längst wussten: Die gesamte Uferbefestigung des Landwehrkanals war marode.

Das zuständige Wasser- und Schifffahrtsamt musste schnell handeln. Um den Reedereien in der touristischen Hauptsaison nicht völlig das Geschäft zu verderben, beschränkten die Beamten den Verkehr zunächst auf eine Richtung, die Schiffe durften nur noch weniger motorschraubenintensiv »zu Tal« fahren. Dann überlegten sie, wie man die maroden Uferwände entlasten könnte, und kamen auf die Idee, die Bäume am Landwehrkanal zu fällen. 200 gesunde, zum Teil denkmalgeschützte Pappeln, Erlen, Trauerweiden, Eschen und Ahornbäume sollten weichen – mitten in der Brutzeit. Anschließend würden Mauern und Spundwände erneuert werden.

Rasch mobilisierte diese Nachricht zahlreiche Anwohner, vor allem im Bezirk Kreuzberg, durch den der Landwehrkanal fließt. Sie wollten die Zerstörung ihres Naherholungsgebietes nicht einfach hinnehmen. Auf der Admiralsbrücke, die über das Gewässer führt, gründeten sie die Bürgerinitiative »Bäume am Landwehrkanal«. Die Verbündeten wandten sich an die Presse und sammelten Unterschriften. Auf Demonstrationen skandierten sie »Rettet die Bäume!«. Die gleiche Botschaft druckten und hängten sie an alle bedrohten Exemplare der städtischen Flora. An den Häuserwänden prangten Spruchbänder: »Hände weg von unseren Bäumen!«.

Unterstützung kam auch von den Bezirkspolitikern, die den Eindruck teilten, dass hier blinder Aktionismus wütete. Weder stand fest, ob die Fällungen notwendig und sinnvoll sind, noch waren Alternativen geprüft worden. Das Bezirksamt Friedrichshain-Kreuzberg wagte dann auch den Zwergenaufstand und weigerte sich, die Genehmigung für die Fällung von drei Linden zu erteilen, die sich in seinem Zuständigkeitsbereich befanden.

Daraufhin verfügte das Wasser- und Schifffahrtsamt die komplette Schließung des Kanals. Logischerweise wuchs nun der Druck seitens der Wirtschaft auf die Politik, diesen skandalösen Zustand so schnell wie möglich zu beenden. Steuerausfälle und Insolvenzen würden drohen, obendrein seien Hunderte Arbeitsplätze gefährdet.

Ein runder Tisch wurde einberufen, Baumschützer und Bezirkspolitiker aller Parteien wollten mit dem Wasser- und Schifffahrtsamt um eine Lösung ringen. Doch als die ersten Gutachten zum Erhalt einzelner Bäume diskutiert werden sollten, zündete der damalige Leiter des Wasser- und Schifffahrtsamtes seine Bombe: Die Diskussion sei müßig, die zur Sicherung des Schiffsverkehrs notwendige Fällung von 22 Bäumen in vollem Gange. Genehmigungen der Berliner Behörden habe man wegen der »Gefahr im Verzug« nicht benötigt. Empört verließen Bezirks- und Bürgervertreter den Saal, eilten zum Landwehrkanal, an dem tatsächlich unter dem Schutz von 150 Polizisten und unter lautstarkem Protest von Anwohnern die Säge regierte. Anschließend öffnete das Amt generös ein Viertel des Kanals für die Schifffahrt.

Nach diesem heimtückischen Vorgehen radikalisierte sich auch der Widerstand: Mittlerweile waren 38 Bäume entfernt worden. Bei der nächsten, immerhin zuvor angekündigten Fällung kletterten Baumschützer in die Kronen und ketteten sich an die anvisierten Exemplare, während andere eine schützende Mauer zwischen Säge und Stamm bildeten. Auch diesmal war die Polizei anwesend, allerdings wollte der zuständige Mitarbeiter des Wasser- und Schifffahrtsamtes die Situation nicht eskalieren lassen und blies das Vorhaben kurzerhand ab.

In den folgenden Tagen beobachteten regelmäßige »Baumpatrouillen« die weitere Entwicklung, auf den Kanalbrücken bildeten die Protestler »Menschenketten gegen Kettensägen«. Und sie wandten sich an den Bundesverkehrsminister, dem das Wasser- und Schifffahrtsamt unterstellt ist. Ganz Berlin war in Aufruhr ob des rabiaten Vorgehens der Behörde.

Die begann einzulenken. Den nächsten Bäumen sollte es weniger endgültig an die Substanz gehen: 20 von ihnen bekamen je zwei tonnenschwere Betonwürfel zur Seite gestellt und wurden über Stahlseile mit diesen verbunden. So wollte man ein Umkippen verhindern, im Fall des Falles hätten sie trotzdem noch senkrecht in den Kanal rutschen können. Die angebundenen Bäume waren ein einzigartiger Show-Effekt, doch immerhin einer, den man wieder rückgängig machen konnte. Anschließend wurde der Landwehrkanal wieder komplett für die Schifffahrt geöffnet.

Dies muss eine der letzten Amtshandlungen des zunehmend umstrittenen Amtsleiters gewesen sein, der nun von seinem Posten abberufen wurde. Zeitgleich begann ein Mediationsverfahren mit 25 Parteien: Vertreter des Wasser- und Schifffahrtsamts, der Bezirksämter, Reedereien, Umweltverbände, der Industrie- und Handelskammer sowie der Denkmalbehörde setzten sich mit den Bürgern zusammen, um sich in jahrelanger Diskussion über die Art und Weise der Sanierung zu einigen, die letztlich sogar erheblich billiger wurde als zunächst geschätzt. Untersuchungen bestätigten, dass die Wurzeln der betroffenen Bäume das Ufer gar nicht belastet, sondern stabilisiert hatten, die Anwohner hatten sich zu Recht gewehrt. Ihre Bürgerinitiative wurde mit dem Umweltpreis des BUND ausgezeichnet, mehr als 160 Bäume konnten sie retten.

Was aber hatte dieser Skandal mit unserem Hausboot zu tun?

Nun, er läutete beim Wasser- und Schifffahrtsamt einen Paradigmenwechsel ein. Zukünftig sollten Transparenz und Offenheit das Handeln dieser Behörde bestimmen.

Dieser Ansatz führte dazu, dass wir im Februar 2008 einen Termin beim neuen Amtsleiter erhielten. Wir wollten ihn fragen, ob wir unser vorübergehendes Asyl nicht dauerhaft nutzen könnten. Unter großem Bangen war es uns bis dahin gelungen, den Aufenthalt an unserer »Ausweichliegestelle« mehrfach zu verlängern, denn noch immer war der Bau von »Labels 2« keine beschlossene Sache. Unterdessen fragten wir uns jedoch, warum wir erneut in den Osthafen ziehen sollten, wo wir ohnehin nicht länger als ein Jahr bleiben konnten. Warum sollten wir nicht dauerhaft auf Alt-Stralau liegen dürfen, in unserer Lücke schienen wir doch niemanden zu behindern? Darüber wollten wir mit dem Amtsleiter sprechen.

Klopfenden Herzens betraten wir seinen Dienstsitz nahe dem Tempelhofer Flugfeld. Im ersten Stock begrüßte uns ein freundlicher Mann mit grau meliertem Haar und schüttelte uns kräftig die Hand. Das war nun der Neue, der mit den Bürgern reden wollte, anstatt sie mit der Kettensäge zu überrumpeln.

Neben ihm saß schweigend sein Kollege, der uns eine Woche zuvor einen Brief geschrieben hatte, in dem er uns aufforderte, »die Nutzungsfläche bis Ende des Monats zu räumen, da unsere Nutzungsberechtigung abgelaufen« sei. Andernfalls wollte er rechtliche Schritte gegen uns einleiten – diese Formulierung kannten wir schon.

Aufmerksam hörte sich der neue Amtsleiter unsere Geschichte an, verzog auch nicht das Gesicht, als wir unseren Wunsch nach einem dauerhafteren Liegeplatz für »Helene« vortrugen. Ohne Umschweife sprach er einen Satz aus, den wir noch nie zuvor gehört hatten.

»Von unserer Seite besteht kein Problem, Ihren Liegeplatz zum 1. Juli 2008 zu genehmigen.«

Allerdings wolle er dem Bezirksamt Friedrichshain-Kreuzberg die Chance einräumen, bei der Angelegenheit mitzureden. Offenheit galt bei dem neuen Amtschef auch gegenüber den Kollegen anderer Behörden.

Wir verabredeten, dass wir einen Brief an das Bezirksamt schreiben würden. Drei Monate sollte es die Möglichkeit haben, darauf zu reagieren. Falls von dort keine Gegenargumente kämen, würde das Wasser- und Schifffahrtsamt mit uns endlich den begehrten Nutzungsvertrag schließen.

Wir waren skeptisch, aber nicht hoffnungslos.

Eine Woche später schickten wir unseren Brief auf die Reise. In ihm malten wir dem Bezirksbürgermeister in den leuchtendsten Farben aus, wie gut unsere »Helene« in seinen grünen Stadtbezirk passen würde – sie sei gepflegt und werde von Menschen bewohnt, die bewusst mit den natürlichen Ressourcen umgehen und darüber hinaus auch noch bereit sind, anderen Menschen zu erklären, wie sie das ebenfalls hinbekommen können.

Drei Monate lang bekamen wir keine Antwort. Von noch mehr Hoffnung genährt, fragten wir beim Wasser- und Schifffahrtsamt, ob man uns nun die begehrten Unterlagen schicken würde. 14 Tage später schrieb uns der Kollege, der uns bereits im Februar zur Räumung aufgefordert hatte, dass er vom Bezirksamt erfahren habe, »dass Ihr Liegen vor Alt-Stralau dem abgestimmten bezirklichen Liegestellen-konzept widerspricht. Es ist daher davon auszugehen, dass Ihr Liegen an der derzeitigen Stelle in absehbarer Zeit zu Ende gehen wird. Der Nutzungsvertrag, den ich Ihnen aus-stellen kann, wird nur temporäre Gültigkeit erlangen kön-nen. Ich bitte Sie daher, sich nach einer anderen Liegestelle umzusehen. Nutzen Sie dazu bitte vorhandene Steganlagen mit entsprechenden Betreibern, da die Wasserstraße im Raum Berlin nur begrenzte Liegemöglichkeiten hat.«

Das Schreiben wirkte wie ein Dämpfer. Niemals würden wir unbefristet an diesem Ort bleiben können, die nächste Räumungsaufforderung wartete stets am Horizont.

14 Tage später hielten wir dann den begehrten Nutzungs-vertrag in den Händen. Eigentlich hätten wir das feiern müs-sen. Uns war nicht danach.

Achtung, Gefahr!

D as Leben auf einem Hausboot ist verdammt gefährlich, für Mensch und Tier. Man kann auf dem nassen
Stahldach oder auf der vereisten Kaikante ausrut-
schen. Man kann sich Hand und Hintern am Kaminofen ver-
brennen. Man kann von der Gangway und in die berühmten
Schiffsluken fallen.

Tom wollte seinen missgelaunten Bruder aufmuntern.
Das funktionierte eine Zeit lang gut mit einer Schatzsuche.
Quer durchs Schiff führte die Route, als Oscar einen Zettel
fand: »Der letzte Hinweis vor dem Schatz befindet sich an
einer Lampe!«.

Er suchte im Wohnzimmer, dann im Kinderzimmer –
auf unsere Bitte hin war das Schlafzimmer von der Schatzsuche ausgeschlossen worden. Blieb nur noch der Flur.

*Über diese steile
Treppe müssen sie
gehen.*

Die Augen fest auf die Decke gerichtet, schritt Oscar von Lampe zu Lampe. Er wurde immer schneller. An der letzten Lampe hatte sein Bruder den entscheidenden Hinweis versteckt. So weit kam der Schatzsucher aber gar nicht. Oscar-guck-in-die-Luft sah nicht die Luke, die sein Vater geöffnet und beleuchtet hatte, um die Wasserpumpe zu reparieren. Er fiel hinein und knallte mit dem Knie auf die Metallleiter. Das Bluten war nicht so schlimm wie Toms Reaktion: Der damals Elfjährige konnte nur schwer sein Lachen verbergen.

Er musste sich dann lange bei dem Jüngeren einkratzen, ihn mit und ohne Süßigkeiten trösten. Der Schatz – eine DVD mit Oscars Lieblingszeichentrickserie – sorgte schließlich dafür, dass das Schluchzen bald aufhörte.

Es hätte schlimmer kommen können: Aus unserer Hausboot-Gemeinde kennen wir den Fall eines kleinen Jungen. Dessen Vater hatte die schwere Schiffstür aus Stahl zugeworfen, ohne dabei auf die Hand seines Sohnes zu achten. Die Tür fiel ins Schloss, der Daumen des Kindes lag daneben. Guten Chirurgen verdankt der Junge, der heute erwachsen ist, dass er seinen Daumen wieder benutzen kann.

Auch Felix hat sich mehrfach auf dem Schiff verletzt, meist beim Reparieren, genau wie an dem Tag, als die Sache mit seiner Unterlippe passierte. Um die Geschichte zu verstehen, muss man wissen, dass er als Kind von Zahnärzten viel Leid zugefügt bekam. Er hatte einen sogenannten Kieferengstand, in seinem Mund war zu wenig Platz für seine Zähne. Wenn der Zahnarzt in eine bestimmt Schublade griff, wusste Felix, was ihm in den nächsten Minuten blühte: Das Pieksen der Spritze – ein taubes Gefühl im Mund –, dann kam die Zange, mit der ihm wieder ein gesunder Zahn gezogen wurde.

Trotzdem drängelten sich die übrigen Zähne, einer stellte sich lieber gleich in Warteposition vor die Hauptreihe, was mithilfe einer Spange korrigiert werden sollte. Das hätte geklappt, wenn Felix die Ausdauer und Leidensfähigkeit für diese rein kosmetische Prozedur aufgebracht hätte.

An einem schönen Sommertag reparierte er nun auf der Terrasse sein Fahrrad. Mit dem Sattel nach unten stand es auf einem großen Tisch, sodass er im Sitzen bequem an Kette und Gangschaltung herankommen konnte. Es war Wochenende, Dutzende Schiffe fuhren an der »Helene« vorbei und sorgten für größeren und kleineren Wellenschlag, der das Hausboot immer wieder zum Schwanken brachte.

Felix befand sich gerade mit seiner Nase vor dem Kettenkranz, als eine große Welle unser Schiff und damit sein Fahrrad anhob. Es landete auf dem Gesicht des Monteurs, vielmehr auf dessen Unterlippe, in die sich nun der immer noch auf Warteposition verbliebene Zahn bohrte.

Mit schmerzverzerrtem Gesicht verließ er die Terrasse und stand in der Schiffstür, wo er mir mit halbverständlichen Lauten klarzumachen versuchte, dass ich jetzt Krankenschwester spielen sollte. Da ich nicht verstand, was los war, half er sich schließlich selbst. Tapfer hob er das verletzte Fleisch an und zog es aus seinen Zähnen. Dann fiel er rücklings aufs Bett und setzte mich ins Bild.

»Hättest du mal deine Spange getragen«, dozierte ich scherzhaft und brachte ihn wieder zum Lachen.

Plötzenseer Kolk

ls Journalistin schreibe ich über alles Mögliche, am häufigsten über Themen aus der Berliner Kulturszene und über Kriminalfälle, Letzteres auch für das »Berlin«-Ressort der Tageszeitung »taz«. Nachdem der stellvertretende Ressortleiter erfahren hatte, dass ich auf einem Schiff lebe, bestellte er im Sommer 2006 eine »Geschichte über Hausbootmenschen«.

Ich zog zu all den mir bekannten Kolonien, auch nach Plötzensee. Dort gibt es den Kolk, die Ausbuchtung eines ehemaligen Schleusenbeckens im Spandauer Schifffahrtskanal. Abseits vom Wasser rasen die Autos – über den Zubringer auf die Stadtautobahn und über einen großen Damm zum Flughafen Tegel. Die Gegend ist laut und dennoch ein-

*Plötzenseer Kolk:
»Zeigen Sie mir einen
anderen Liegeplatz!«*

sam. Menschen trifft man nur in einem Supermarkt und in der mittlerweile 15 Schiffe umfassenden Hausbootkolonie.

Diese hatte Klaus Dieter Ambord 1994 begründet, ein Mensch mit klarer Haltung vor dem Hintergrund einer besonderen Biografie: 20 Jahre lang war er süchtig, mit Mitte 30 lernte er, unterstützt von »Synanon«, ohne Alkohol und Drogen zu leben. Nachdem er sich stabilisiert hatte, begann er wieder in seinem Beruf als Konstrukteur zu arbeiten. Parallel dazu gründete er zusammen mit einer Handvoll anderer ehemals Süchtiger eine Selbsthilfegruppe. In der Rummelsburger Bucht entdeckte »Ka De«, wie Ambord genannt wird, ein Wohnschiff, das einem Verein gehörte. Er fädelte einen Deal ein: Seine Selbsthilfegruppe würde ein Dach auf ein Gebäude bauen und im Gegenzug das 40 Meter lange Wohnschiff erhalten.

Monatelang suchten sie dann vergeblich nach einem Liegeplatz. »Überall, wo wir gefragt haben, hieß es: ›Das geht nicht!‹«, so Ambord. Schließlich entdeckte er den Plötzenseer Kolk. »Das Schiff und alles, was damit zu tun hatte, war Neuland für mich. Darum ging ich zum Einfachsten über, was ich bei ›Synanon‹ gelernt hatte: einfach machen!« Ambord und seine Mitstreiter besetzten die Bucht vor dem Westhafen.

Nach zwei Tagen kam die Wasserschutzpolizei. »Sie meinten zu mir, in Berlin herrsche Recht und Ordnung und wir müssen den Platz verlassen«, erzählte mir Ambord. »Ich sagte ihnen, sie sollten uns einen anderen Liegeplatz zeigen.« Als die Polizisten mitbekamen, dass die Mitglieder der Selbsthilfegruppe Wege anlegten, das Ufer von Metallschrott befreiten und in ihrem Schiff auch einen Fäkalientank einbauten, erklärten die Gesetzeshüter schließlich bei einer Tasse Kaffee, wie man an eine Genehmigung kommt. »Am Anfang heißt es immer: Das geht nicht«, fasst Ambord seine Erfahrungen zusammen.

Er ließ sich gleich noch ein weiteres Schiff genehmigen. Auf ihm wollte er selbst leben, weil es schon damals schwer war, in Berlin eine Wohnung zu finden, und weil er glaubte, sich freier zu fühlen, wenn er theoretisch jederzeit seinen Wohnort wechseln könnte. Auch bei den ehemals Süchtigen war das Wohnen auf dem Wasser sehr begehrt. »In der Not aufs Boot«, lautete die Mundpropaganda für die schlussendlich drei schwimmenden Sozial-Pensionen mit mehreren Zimmern, Küche, Bad und Toilette, die Ambord neben seinem privaten Schiff im Plötzenseer Kolk untergebracht hatte. Seine Klienten konnten hier so lange wohnen, bis sie eine eigene Bleibe gefunden hatten. Die Miete zahlte das Amt. Manche der Pensionsbewohner wollten auf dem Wasser wohnen bleiben. Ka De half ihnen bei der Suche nach eigenen Schiffen und deren Ausbau.

Parallel zu seinen schwimmenden Pensionen hatte der Sozial-Unternehmer zum gleichen Zweck auch eine immobile Pension erworben. Als er ein weiteres Haus kaufen wollte, bekam er keinen Kredit. Daraufhin verkaufte Ka De auch seine Mobilien. Zehn Jahre hatte er in der Bucht gewohnt, sie mit eigenhändig verlegten Wasser-, Strom- und Telefonleitungen quasi urbar gemacht. »Es war eine schöne Zeit, aber man muss auch mal loslassen können«, sagt er über seine Rücksiedelung vom Wasser aufs Land.

Wo sich mittlerweile kleine Gärten befinden und Büsche und Sträucher wachsen, standen bei meinem ersten Besuch im Sommer 2006 noch Brennnesseln. Einen alten Motorblock hatte das Unkraut fast überwuchert. Holzreste lagen am Ufer – die Inneneinrichtung eines alten Schiffes. Ich klopfte an einem kastenförmigen Hausboot, das erst einige Wochen zuvor im Plötzenseer Kolk festgemacht hatte. Sein Besitzer, er nannte sich Thomas Redhill, hatte seine Behausung mit etwa 40 Quadratmetern Wohnfläche auf Ebay ersteigert und sich dann auf die Suche nach einem Liegeplatz begeben. Er hatte Glück, unlängst waren die Stahlpreise gestiegen. Darum hatten die Kolkianer drei alte Wracks bergen lassen, darunter ein vor Jahrzehnten vom Finanzamt beschlagnahmtes Schiff.

So entstand Platz für Redhills Hausboot aus Kunststoff, das einen strengen Winter nur an Land oder in einem be-

heizten Wasserbecken überstehen konnte: »Wenn das Eis kommt, muss ich wohl warmes Wasser um mein Schiff laufen lassen«, meinte der Neu-Hausbootbesitzer. Wir plauderten miteinander. Er stellte mir mehr Fragen zum Leben auf dem Wasser als umgekehrt, darunter auch die, wo denn unsere »Helene« liegen würde.

Arglos antwortete ich ihm. Ein Jahr später legte er sich dann mit seiner Behausung hinter unser Schiff. Er hätte sich im Plötzenseer Kolk nicht so gut mit seinen Nachbarn verstanden, sagte er. Natürlich besaß er keine Genehmigung, an der Halbinsel zu liegen. Gegenüber der Wasserschutzpolizei berief er sich auf einen akuten Motorschaden.

Wir begrüßten den neuen Nachbarn, luden ihn zum Abendessen ein und erlaubten ihm, seine Batterien mit unserem Strom zu laden, an dem es uns an diesem hochsommerlichen Tag nicht mangelte. Nach wenigen Stunden mussten wir die Verbindung wieder kappen: So viel Energie, wie Thomas Redhill benötigte, konnten wir nicht liefern. Es war wie ein Omen für das Folgende.

Der selbst ernannte »Überlebenskünstler« benahm sich nämlich wie ein ungekrönter König. Der Postbote, der Müllmann, alle hatten ihm zu dienen. Dankbarkeit war ihm fremd, was ihm nicht passte, bekämpfte er, sogar die Durchsagen, die vom S-Bahnhof Treptower Park über das Wasser an sein Ohr getragen wurden. Er rief bei der Deutschen Bahn an und verlangte Rücksicht auf seinen Schlaf. In diesem Stil gelang es ihm innerhalb kürzester Zeit, alle Nachbarn gegen sich aufzubringen. Wie ein Bulldozer war er in die Stralauer Idylle eingebrochen. Wir hatten Sorge, als Hausbootbewohner mit ihm in einen Topf geworfen zu werden.

Im Winter 2007/2008 lag Redhill an einer Steganlage auf Alt-Stralau. Die kalte Jahreszeit fiel zum Glück sehr mild aus, sonst hätte das Eis sein Schiff zerdrückt, es wäre gesunken. Das hätte die Einstellung unserer Nachbarn gegenüber Hausbooten kaum positiv beeinflusst.

Natürlich zahlte Thomas Redhill auch nicht die Miete für seinen Liegeplatz. Im Frühjahr 2008 musste er ablegen. Ob-

Blumen stehen jedem Schiff (vorhergehende Doppelseite).

wohl er Felix zuvor beschimpft hatte, scheute er sich nicht, ihn zu fragen, ob er ihn mit unserem Beiboot spreeaufwärts zu seinem neuen Wohnort schleppen könnte. Felix sagte zu. Es war ihm ein großes Bedürfnis, den Störenfried möglichst weit von uns weg zu bringen.

Versunkene Schätze

Bäuchlings legte sich der Mann auf den Kai, um sich den Rumpf der »Helene« genauer anzuschauen. Er hatte ein umweltschonendes Verfahren entwickelt, um mithilfe von Trockeneisgranulat Farbe von Stahlflächen zu entfernen. Wir erwogen, beim bevorstehenden Werftaufenthalt der »Helene« den alten Unterwasseranstrich auf diese Weise entfernen zu lassen. »Ich schau mir das mal an«, sagte der liegende Fachmann und streckte seine Hand in Richtung Schiffsrumpf. Dann hörte man etwas ins Wasser plumpsen.

Tom ist begeistert von seinem neuen Unterwasserscooter ...

Sein Smartphone war ihm aus der Hemdtasche geglitten und mit einem dezenten »Plopp« in die Spree gefallen. Der Mann, dem es gehört hatte, war tapfer. Es sei sowieso ein altes Modell gewesen, tröstete er sich. Nur die vielen Kontaktdaten, um die sei es wirklich schade. Wir wollten ihn aufmuntern und erzählten ihm von den Dingen, die wir bereits im Fluss versenkt hatten – diverse Kinderspielzeuge, einen Grillrost, auch mal einen Schlüsselbund. Allerdings ist es uns mittlerweile zur Gewohnheit geworden, vor dem Betreten des Schiffes kurz innezuhalten und zu überlegen, ob die Dinge, die nun vom Land aufs Wasser oder umgekehrt gelangen sollen, dort auch sicher ankommen werden.

Sollte doch mal etwas ins Wasser fallen, liegt bei uns ein starker Magnet bereit – vorausgesetzt, das Vermisste bietet eine genügend große Angriffsfläche aus Metall. So haben wir Grillrost und Schlüsselbund schnell wieder an Land befördert, schwieriger war es im Fall eines Diabolos. Das besteht aus zwei Plastikschalen, die über einen metallischen Steg miteinander verbunden sind. Allerdings ist der für einen Magneten erreichbare Teil so klein, dass unser Riesenexemplar hier nutzlos war. Da half nur tauchen.

Oscar hatte sich die Stelle gemerkt, an der ihn sein nigelnagelneues Spielzeug verlassen hatte. Schuldbewusst schaute er mich an, schließlich hatte ich ihn vorher gewarnt. Felix war nicht da, und ich hasse es, zu tauchen – wegen des Wassers, das einem in die Ohren läuft, und des Respekts vor der Tiefe. Tom spürte den Kummer des Jüngeren und bot an, ins Wasser zu springen. Er setzte sich eine Taucherbrille auf, holte tief Luft und sank auf den drei Meter tiefen, stockfinsteren Grund. Doch so oft er auch tastete und wühlte, er konnte das Spielzeug nicht finden.

Edgar, der erfahrene Wasserbewohner, riet uns, für solche Fälle eine lange Stange an Bord zu lagern. Die stößt man in den Flussgrund und zieht sich daran in die Tiefe, zusätzlich kann man sich das Tauchen mit einem Bleigurt erleichtern. Auch ihm gelingt nicht immer die Bergung seiner versunkenen Besitztümer, vor allem dann nicht, wenn im Fluss viel Müll und Bauschutt liegt »Es kommt immer auf den Untergrund an«, meint Edgar.

Ein Jahr nach seinem Untergang gelangte das Diabolo doch noch ans Tageslicht: Brüchig und kaputt – Wasser und Morast hatten ihre zersetzende Wirkung entfaltet. Durch Zufall hatte Felix es im Schlick entdeckt, eigentlich hatte er etwas ganz anderes gesucht.

Tom hatte nämlich wenige Wochen vor Felix' Tauchgang einen Unterwasser-Scooter bekommen. Voller Begeisterung zog er mit diesem durchs Wasser, drehte Runde um Runde vor dem Schiff und genoss die Geschwindigkeit. Natürlich wollte sein kleiner Bruder sich diesen Spaß nicht entgehen lassen und erbettelte sich ein paar Runden. Einige Tage lang ging das gut, doch dann nahm Oscar das Gerät von der Ladestation und baute es zusammen, ohne zuvor den Deckel zu schließen, der die Batterie vor dem Wasser schützen sollte. Dann warf er den Scooter ins Wasser. Der versank in den Fluten, aus denen noch geraume Zeit kleine Luftblasen aufstiegen.

Natürlich war Felix wieder nicht in der Nähe, die Sonne ging bereits unter, jeden Moment wurde es dunkel. Fieberhaft versuchte Tom, sein heißgeliebtes Spielzeug wiederzufinden, konnte es aber trotz der verräterischen Blasen nicht lokalisieren. Ich teilte seine Bedenken, tiefer unter dem dunklen Bauch der »Helene« zu tauchen, und bat ihn, die Suche zu verschieben.

Ergebnislos tauchten Vater und Sohn am nächsten Tag erneut nach dem Scooter. Felix bot seinem bekümmerten Sohn an, eine professionelle Taucherausrüstung zu leihen. Angeleint schwamm er mit Sauerstoffflasche, Unterwasserlampe und Flossen in die Tiefe. Gründlich suchte er das gesamte Areal ab, der Scooter blieb verschwunden. Alles, was er entdeckte, war ein undurchdringlicher, bizarr wirkender Wald aus Zweigen, der den Raum zwischen Hausboot und Flussgrund in ein Fischparadies verwandelt hatte. Und das völlig zersetzte Diabolo.

*... nicht ahnend,
wie kurz sein Glück
währen wird.*

Die Geschichten über solche Missgeschicke werden immer wieder gern erzählt, am liebsten die von unseren Hausbootnachbarn Sylvi und Frank, die mit ihren drei Kindern in den Sommerurlaub fahren wollten. Um am nächsten Morgen pünktlich den Zug zu erreichen – und nicht, wie sonst, erst im letzten Moment –, hatten sie die vollbepackten Räder bereits am Abend auf den Steg gestellt. Kurz bevor die Familie aufbrechen wollte, fiel den Eltern auf, dass nur noch vier statt fünf Räder zur Verfügung standen. Ein Kinderfahrrad hatte sich scheinbar in Luft aufgelöst. Sie guckten und suchten, bis Frank es im Wasser liegen sah. Mithilfe des obligatorischen Magneten und einer Portion Nervenstärke gelang es der Familie, ihren Zug noch zu erreichen – so knapp wie immer.

»Helenes« Refit

Im Sommer 2010 war unser Schiffsattest abgelaufen. Um es zu verlängern, musste »Helene« in eine nahe gelegene Werft, wo wir ebenfalls für eine Woche Quartier bezogen. An der verwaisten Kaimauer in Alt-Stralau hingen lediglich zwei laminierte Schilder mit der Aufschrift »Liegeplatz Hausboot ›Helene‹«.

Als ich am Nachmittag in die Werft kam, musste ich nicht lange nach unserem Schiff suchen. Es stand direkt am Eingang in einem U-förmigen Schwimmdock. Das war geflutet worden und auf den Grund gesunken, damit die »Helene« dort hineingeschoben werden konnte. Anschließend wurde das Wasser aus dem riesigen Dock abgepumpt, zusammen mit der »Helene« trieb es an die Wasseroberfläche. Dabei

Schiffsrumpf. Muschelsalat à la »Helene«.

war das Wasser, das sich unter dem Kiel unseres Hausboo-
tes befunden hatte, zu beiden Seiten des Docks abgeflossen.
Trocken ruhte die »Helene« mit ihrem Rumpf auf riesigen
Metallbalken, den sogenannten Pallungen.

Um in den nächsten Tagen unser Zuhause zu erreichen,
mussten wir per Leiter in das Schwimmdock hinab- und
dann mit einer weiteren Leiter wieder zur »Helene« herauf-
steigen. Mühselig war auch der Gang zu Dusche und Toilette. Der führte über die beiden Leitern und über den Kai
zu einem riesigen schwimmenden Prahm aus Stahl, auf
dem mehrere hohe Stufen zu überklettern waren. Dahinter
befand sich eine rustikale Waschgelegenheit nebst Toilette. Auf diese waren wir angewiesen, weil auf der »Helene«
sämtliche Tanks leergepumpt worden waren. Sie wurden in
der Werft auf Beschädigungen untersucht und wo notwendig ausgebessert.

Der Mitarbeiter, der die Arbeiten an unserem Schiff ko-
ordinierte, hatte Felix gewarnt: »Ich weiß nicht, ob Ihrer
Frau unsere Dusche gefallen wird.« Natürlich hätte ich gern
ein luxuriöses, gründlich geputztes Badezimmer vorgefun-
den. In hochsommerlicher Hitze und umgeben von perma-
nentem Granulat-Staub war mir aber der äußere Zustand
unserer Waschgelegenheit herzlich egal, solange aus der
Brause genügend warmes Wasser lief.

Auch die »Helene« wurde gewaschen, allerdings mit
einem Hochdruckreiniger. Die Werftarbeiter waren in ihre
Ganzkörperoveralls gestiegen, als sie mithilfe von 250 bar
Wasserdruck Algen, Muscheln, Krebse und Lacksplitter
vom Rumpf des Schiffes lösten. Die umherspritzenden
Kleinstgeschosse wurden anschließend zu einem riesigen,
eiweißhaltigen Haufen zusammengekehrt und vor unserem
Schlafzimmer drapiert.

Fasziniert beobachteten wir diesen ekelerregenden
Cocktail, hörten, wie die Muscheln in der brütenden Hitze
vor sich hin schmatzten, und sahen, wie sich Myriaden von
Fliegen zu einem schwarz-grün schillernden Teppich vereinigten.

Schlimmer als diesen Gestank empfand ich den Staub, der beim Entfernen des alten Unterwasseranstrichs entstand. Der wurde mit Sand gestrahlt: Ein Kompressor erzeugte einen starken Luftstrahl, der wiederum schwarzes, feinkörniges Granulat extrem stark beschleunigte. Mühelos wurde die alte Farbe abgeschmirgelt. Das Ergebnis war ein superglatter Untergrund, der hervorragend gestrichen werden konnte, und ein völlig verdrecktes Schiff. Das Granulat drang durch Fenster und Türen, es kroch in jede Ritze und nervte fürchterlich.

An der Wasserlinie des frisch geschliffenen Schiffes konnte man nun auch die Rostporen erkennen, die sich mit Vorliebe im Grenzbereich von Wasser und Luft bilden. Ein Schweißer kümmerte sich darum von außen, während Felix mit einem Wassereimer im Schiffsbauch saß und darauf achtete, dass sich an den Stellen, die während des Schweißens rot aufglühten, kein Brand entwickelte. Wie schnell das tatsächlich passieren konnte, sollten wir bald erfahren.

Das Anschweißen der sechs Opferanoden, die sich gleichmäßig über den Schiffsrumpf verteilen, musste in gleicher Weise überwacht werden. Unter einer solchen Anode versteht man ein Stück unedles Metall, das ein anderes Metall vor Korrosion schützt. Das funktioniert, weil zwischen beiden Metallen ein Strom fließt, und zwar von der Anode in Richtung des zu schützenden Metalls. Bei diesem Vorgang oxidiert die Anode und löst sich langsam auf, darum spricht man vom »Opfer«.

Kleiner Trick, große Wirkung. Der Schiffssachverständige, den wir auf die Werft bestellt hatten, liebt diese Form des Rostschutzes. Er kam, um den Bodenbericht für die »Helene« zu erstellen. Dazu klopfte er den Schiffsrumpf auf etwaige Schwachstellen ab. Überall, wo das Metall pappig und dünn klang, setzte er seinen Winkelschleifer an. Auf die blank geschliffene, etwa daumengroße Stelle brachte er einen Klecks seines Koppelmittels auf. Darauf setzte er den Saugnapf des Ultraschall-Dickenmessgerätes. An 40, 50 Stellen prüfte er, ob der Rumpf die Mindestdicke von drei

Millimetern nicht unterschreitet. Im Ergebnis erreichte die »Helene« einen akzeptablen Mittelwert, erst in sechs Jahren würde ihr Boden erneut untersucht werden müssen.

Doch allein mit dieser Untersuchung bekommt man noch kein neues Schiffsattest. Auch die nautischen Sicherheitsaspekte müssen begutachtet werden, dafür ist die Zentralstelle Schiffsuntersuchungskommission zuständig. Zwei ihrer Mitarbeiter inspizierten die »Helene«. Bei ihrem letzten Besuch hatten sie moniert, unser Holzbunker müsse mit einer Stahltür vom Heizraum getrennt werden. Außerdem sollten wir die Schiffsdaten gut leserlich an die Seiten der »Helene« schreiben und einen geeigneten Platz für unseren Kohlendioxid-Feuerlöscher finden.

Diesmal wurden wir aufgefordert, die Qualität unserer drei Rettungsringe zu verbessern, einer davon sollte mit einem Licht ausgestattet sein. Des Weiteren gehörten eine Wurfleine und ein vierter geprüfter Pulverfeuerlöscher an Bord. Mit diesen Auflagen verlängerten sie auch unser Schiffsattest um weitere sechs Jahre.

Luft unterm Kiel. »Helene« im Trockendock.

Abgebrannt

»Frau Debus, Sie müssen unbedingt kommen. Ihr Schiff ist abgebrannt!«

Der gleichgültige Tonfall der Sekretärin passte nicht zum Inhalt ihrer Nachricht.

»Wie bitte?«, fragte Constance Debus ins Telefon.

»Ja, kommen Sie mal raus, gerade ist Ihr Schiff abgebrannt.«

Constance und ihr Mann fuhren sofort auf die Werft. Die 100 Jahre alte »Nymphe« dampfte noch von der Hitze des Feuers. An den Seiten des knapp 15 Meter langen Schiffes war der über der Wasserlinie befindliche Anstrich großflächig abgeplatzt, vom hölzernen Aufbau standen nur noch die verkohlten Wände. Reling, Dach und alles, was sich da-

Klein und rundlich: Constances Traumschiff.

»Wann entsorgen Sie
denn Ihre Barkasse?«

rauf befunden hatte, waren von den Flammen verschluckt
worden.

Schnell war die Geschichte des Unglücks berichtet: Auf
dem zuvor geschliffenen Rumpf des Schiffes hatte der Gutachter mehrere Stellen als zu dünn markiert. Dort sollten
zwei Werftarbeiter Flicken aus Stahlblech aufschweißen. Einer arbeitete außen, während der andere innen kontrollier-
te, dass keine der hoch erhitzten Schweißstellen das Holz
im Innenraum entzündete.

Die »Nymphe« sollte am nächsten Tag wieder zurück in
den Heimathafen gehen, die Arbeiter wollten fertig werden
und müssen – nur so lässt sich das Unglück erklären –
schließlich auf die Brandwache verzichtet und beide außen
geschweißt haben. In der Mittagshitze traten sie ihre Pause
an, bis einer von ihnen eine Rauchfahne bemerkte, die aus
der »Nymphe« drang. Er stürzte auf das Boot und öffnete die
Tür. Dem vorerst noch schwelenden Feuer kam das nur gelegen. Sekunden später stand das Schiff in vollen Flammen.

Auf ihre Frage, ob irgendjemand verletzt sei, erfuhr die Bootseignerin, dass sich einer der Werftarbeiter die Hände verbrannte, als er das hochexplosive Schweißequipment vom brennenden Schiff weggezogen hatte. Außerdem hatte die benachbarte Werkshalle ein paar Fenster eingebüßt. Das neben der »Nymphe« platzierte Schiff war ebenfalls beschädigt worden.

So abrupt endete Constances Traum vom Wohnen auf dem Wasser. Der kleine holländische Boddensegler, den sie erst vor einem Jahr samt Liegeplatz erworben, den sie liebevoll mit einem Art-déco-Ofen sowie wertvollen orientalischen Teppichen eingerichtet hatte und der nach dem Werftaufenthalt ihr Zuhause werden sollte, hatte sich in einen Schrotthaufen verwandelt.

Dennoch schien niemand auf der Werft ein schlechtes Gewissen zu plagen. Nicht einmal Mitleid brachte man für die schockierten Kunden auf. Constance versteht es bis heute nicht, wie man sie eine halbe Stunde nach ihrem Eintreffen am Unglücksort fragen konnte: »Wann entsorgen Sie denn Ihre Barkasse? Wir brauchen den Platz!«

Ihr Mann fand als Erster seine Sprache wieder. Er entgegnete, dass für diese Frage sein Anwalt zuständig sei. Der feilschte ein Dreivierteljahr lang mit der Werft und deren Haftpflichtversicherung nebst Gutachter um die Höhe des Schadenersatzes. Die »Nymphe« wurde verschrottet. Den materiellen Schaden bekam Constance ersetzt. Später erwarb sie ein anderes Schiff, bis sie merkte, dass ihr der Elan für einen neuen Anlauf abhandengekommen war.

Das Schicksal der »Nymphe« war Stadtgespräch, so empfand es Constance. Sogar in dem Krankenhaus, in dem sie als Clown arbeitete, wussten sie davon, aber nicht, dass es ihr Schiff gewesen war.

»Stell dir vor«, berichteten ihr die Kollegen, »in der Werft ist neulich ein Hausboot abgebrannt. Du hast doch auch eins!«

»Nein, habe ich nicht«, dachte Constance. »Ich hatte ...«

Behörden, Para-
grafen, Gutachten

D er 1. Dezember 2009, unser Hochzeitstag. Statt den
zu feiern, saßen wir in gespannter Erwartung auf der
»Helene« und schauten vom Fenster aufs Land. Wir
erwarteten die Mitarbeiter des Bezirksamtes Friedrichshain-
Kreuzberg, Abteilung Bauen, Wohnen und Immobilienser-
vice, Fachbereich Umwelt.

Dort hatte sich ein Anwohner über Gerüche beschwert,
die von der »Helene« ausgehen würden. Anstatt bei uns an-
zuklopfen und das Problem unter Nachbarn anzusprechen,
hatte er sich gleich ans Bezirksamt gewandt. Über unseren

Gluthaltung. Geruch
nach alten Socken?

Anwalt erfuhren wir seinen Namen und seine Adresse. Dann klingelten wir bei ihm und überlegten gemeinsam, wo das Problem liegen könnte.

War unsere Ölheizung schuld? Deren Abgaswerte werden jährlich überprüft, außerdem läuft sie nur in den Morgenstunden, der Nachbar klagte aber über Gestank in der Nacht. Das Blockheizkraftwerk? Dessen Abgaswerte sind geprüft und es wird eher in den frühen Abendstunden betrieben. Unser Holzofen? Der wird nur mit unbehandeltem, getrocknetem Holz gefüttert. Der dänische Hersteller verweist auf ein ausgeklügeltes Luftzufuhrsystem, damit das Holz darin ausgesprochen emissionsarm verbrennt. Um Glut und Wärme bis zum nächsten Morgen zu halten, benutzen wir Briketts aus gepresster Rinde. Die allerdings legten wir immer erst kurz vor Mitternacht in den Ofen.

Tatsächlich hatten wir über diese Rindenbriketts schon manches Mal gestritten: Felix war der Meinung, dass sie beim Abbrennen nach »Wald« riechen würden, während mich der Duft eher an alte Socken erinnerte. Wahrscheinlich gehörte unser Nachbar ebenfalls zur »Socken«-Fraktion und hatte sich deshalb beschwert. Wir versprachen, im nächsten Winter auf die Gluthaltung zu verzichten, der Frieden ist uns wichtig. Zum Schluss gaben wir dem Nachbarn noch unsere Telefonnummern und baten ihn, sich bei Problemen doch lieber persönlich an uns zu wenden.

Für das Bezirksamt war die Angelegenheit damit nicht beendet. Dessen Mitarbeiter begehrten, unser Schiff zu besichtigen. Sie interessierten sich nicht nur für die von dem Schiff ausgehenden Gerüche, sondern wollten auch mögliche Gefahren für Luft und Wasser aufspüren.

Nun ist für die Beurteilung des technischen Zustandes eines Schiffes eigentlich nicht das Bezirksamt zuständig, sondern die Schiffsuntersuchungskommission, die unsere »Helene« alle sechs Jahre genauestens inspiziert. Das mag sein, argumentierte das Bezirksamt. Da aber unser Wohnschiff über keinen eigenen Antrieb verfüge und die meiste Zeit an einem Platz liege, handele es sich um eine »schwim-

mende Anlage«, für die sie sich sehr wohl zuständig fühlen dürften. Hier würden die Beamten irren, argumentierte
unser Anwalt: Die »Helene« sei ein Bauhüttenschiff, eine
Schiffsart, die in der DDR gebaut und zugelassen wurde und
seit der Wiedervereinigung Bestandsschutz genießt, sofern
sie über ein gültiges Schiffsklasseattest verfügt.

Viele und teure Schriftsätze wurden ausgetauscht, ohne
dass das Bezirksamt von seiner Auffassung abwich. Wir hätten diese Frage vom Verwaltungsgericht klären lassen können. Da der Ausgang eines solchen Verfahrens erfahrungs-
gemäß unwägbar ist, plädierte ich dafür, den Mitarbeitern
die Tür zu öffnen. Vielleicht hatten sie ja gar nichts zu be-
anstanden?

Sie kamen zu zweit, ein verbissen dreinschauender Jün-
gerer und ein sachlicher Älterer. Sie schauten sich den Ofen
an, das Blockheizkraftwerk, die Ölheizung. Sie sahen das
Wartungsprotokoll des Heizungsfachmanns, das Schiffsattest und das Schwimmfähigkeitszeugnis. Dann widmeten
sie sich dem Heizöltank auf dem Achterschiff. Felix öffnete
die kreisrunde Luke über dem flachen, rechteckigen Stahlkasten. Der Jüngere leuchtete hinein, fotografierte und ver-
maß ihn. Das Ergebnis schien ihm zu gefallen.

»Ihr Tank ist größer als ein Kubikmeter«, sagte er.

»Das kann sein«, meinte Felix.

»Er fällt in die Gefährdungsstufe B.«

»Und was bedeutet das?«

»Er unterliegt einer Prüfpflicht. Alle fünf Jahre muss er
von einem Sachverständigen überprüft werden.«

Sie hatten das Haar in der Suppe gefunden. Der Heizöltank, den das Wasser- und Schifffahrtsamt Magdeburg
17 Jahre zuvor in »WS 3454« hatte einbauen lassen, sollte es
sein. Unser Vorbesitzer hatte darin einen Grenzwertgeber
installiert, der ein Überlaufen beim Betanken verhindern
sollte, und sich dann von der Prüfpflicht durch eine unbe-
fristete Ausnahmegenehmigung befreien lassen.

Für uns galt diese Befreiung nicht mehr. Wir konnten
also wählen, ob wir den Tank stilllegen lassen, was wegen

unserer morgens eher schwach ausgeprägten Bereitschaft zum Ofenheizen nicht in Betracht kam. Oder man hätte ihn verkleinern und damit in Gefährdungsstufe A gelangen können, wäre diese Maßnahme nicht so teuer gewesen. Also beauftragten wir einen Sachverständigen. Der hielt den eingebauten Grenzwertgeber zwar für funktionsfähig, aber ungeeignet für unseren flachen, rechteckigen Tank. Außerdem monierte er den Zustand des Schiffsbodens unter dem Tank.

Dazu muss man wissen, dass »WS 3454« zunächst mit Kohle beheizt wurde. Erst nach der Wende wurde eine Ölheizung eingebaut, den dazugehörigen Tank quetschte man ins Achterschiff, direkt auf die Spanten. Darum ist die darunter befindliche Fläche nur schwer zugänglich. Solche Bereiche kann man kaum oder gar nicht entrosten, üblicherweise konserviert man sie mit Schiffsbodenöl, auch Kriechöl genannt. Genau das hatten wir getan. Da der Sachverständige zwar Ingenieur, aber kein Schiffsexperte war, kannte und akzeptierte er diese Art des Rostschutzes nicht und betrachtete den Zustand des Schiffsbodens als »erheblich mangelhaft«.

Es half kein Diskutieren: Der funktionierende, aber unzulässige Grenzwertgeber musste gegen einen neuen, vom Bezirksamt akzeptierten ausgetauscht und so eingestellt werden, dass wir höchstens 975 Liter Heizöl bunkern können. Das stört uns nicht, da wir mit 700 Litern Öl im Jahr auskommen, die meiste Wärme produziert unser Kaminofen.

Um den sachverständigen Ingenieur endgültig zu beruhigen, befestigte Felix mit Kabelbindern einen Winkelschleifer an einem langen Stab, so konnte er den Boden unter dem Tank bearbeiten. Genauso verfuhr er mit dem acetongetränkten Lappen, mit dem er das geschliffene Blech entfettete. Auch die Farbe trug er auf diese Weise auf. Ein positives Gutachten belohnte die Verrenkungen. Nach über dreijährigem Disput ließ uns das Bezirksamt endlich vom Haken.

St.-Pauli-Piraten

Eine Piratenflagge und eine Fahne des Fußballclubs St. Pauli wehten neben der »Helene«. Auf dem benachbarten Fahrgastschiff ging es laut und feuchtfröhlich zu. Nur mit einem Slip bekleidet, sprang eine der Feiernden in die Spree. Ihr Weg an Land führte über unser Hausboot. Entgeistert sah ich der dreisten Halbnacktflitzerin hinterher. Es waren merkwürdige Gestalten, die sich auf dem »Bummi« versammelt hatten und dort rücksichtslos die Sommeridylle genossen.

Der »Bummi« ist ein Fahrgastschiff, das Ende der Fünfziger-, Anfang der Sechzigerjahre im VEB Yachtwerft Berlin gebaut wurde. Sein langjähriger Besitzer, mit dem wir gern einen Schwatz gehalten hatten, war schwer erkrankt. Wo-

Nerz. Wohnt auch gern auf einem Hausboot.

147

chen später konnte er das Krankenhaus wieder verlassen, doch die Augen wollten nicht mehr so recht. Er glaubte, nie wieder als Kapitän arbeiten zu können, und bat seinen Sohn, den »Bummi« zu verkaufen. Der neue Eigner schien sich nur wenig um sein Schiff zu kümmern. Hatte er es jetzt an diese alkoholisierten Stadtpiraten verkauft?

Die Polizei beendete die Party, Anwohner hatten sich über den nächtlichen Lärm beschwert. Am nächsten Tag feierte die bunte Gesellschaft weiter, bis sie erneut zum Gehen genötigt wurde. Parallel dazu suchte die Polizei nach dem Eigentümer des Schiffes. Er sollte sich darum kümmern, dass zukünftige Trinkrunden auch ohne polizeiliche Hilfe pünktlich enden. Doch der Angerufene wusste nichts von dem aktuellen Treiben auf dem »Bummi«. Die Stadtpiraten hatten das Schiff ohne Wissen des Eigners geentert. Aber wieso taten sie das nicht heimlich, still und leise?

Mit zwei Mannschaftswagen traf die Polizei am »Bummi« ein und erkundigte sich in der alkoholisierten Runde, wieso sich diese hier aufhalte. Daraufhin erfuhren sie eine schöne Geschichte: In einer Kneipe hatte das Schiff scheinbar seinen Besitzer gewechselt. Ein Gast hatte »Bummis« Verwahrlosung bemerkt und dieses Wissen zu Geld gemacht. Er bot das Schiff unter seinen Trinkkumpanen an und überreichte im Gegenzug für einen wohl vierstelligen Kaufpreis einen passenden Schlüssel. Sein betrogenes Opfer hatte keine Ahnung, dass es für Schiffe nicht nur einen Schlüssel, sondern auch Dokumente gibt, mit denen das Eigentum nachgewiesen wird. Diese Lektion erteilte ihm nun die Polizei. Enttäuscht, aber ohne Gegenwehr, räumten er und seine Freunde ihre Party-Location, Dreck und Chaos dem echten Eigentümer hinterlassend.

An ungebetenen Besuchern mangelt es keinem Boot, insbesondere wenn es nicht hinter Zäunen und Toren verbarrikadiert wird. Das haben wir nicht vor, obwohl wir bereits genügend schlechte Erfahrungen gemacht haben, die solche Maßnahmen nahelegen würden. Einmal sprang ein nächtlicher Streuner auf den Bug unseres Schiffes. Mit dumpfem Geräusch landete er auf dem Stahlboden, direkt neben unserem Schlafzimmer, nahe der vorderen Schiffs-tür. Die stand offen, weil es schwül gewesen war, als wir uns schlafen gelegt hatten. Mittlerweile regnete es in Strömen.

Von dem Geräusch schreckte ich aus dem Tiefschlaf und weckte Felix. Er schickte das Nachtgespenst von Bord. Im Gehen rechtfertigte es sich: »Ich wollte mich doch nur unterstellen!« Ich glaube, dass es eher die geöffnete Tür war, die ihn neugierig gemacht hatte. Nun bleibt sie nachts immer geschlossen, selbst im Hochsommer.

Zuweilen sind Boots-Kaperer aber auch vierbeinig. Eine uns bekannte Hausbootbesitzerin musste gegen einen Nerz kämpfen. Sie taufte ihn die »amerikanische Kackbratze«. Damit beschrieb sie den Umstand, dass dieses wendige Tierchen einen Weg in ihren Sommersitz gefunden und ihn in der kalten Jahreszeit zu seiner Toilette erkoren hatte. Innerhalb von wenigen Monaten türmten sich seine Hinterlas-senschaften zu einer beachtlichen Burg, sie sahen aus wie ein Termitenhaufen.

Das Nachbarboot hatte dem Nerz als Küche gedient. Dort hatte er seine erbeuteten Fische seziert und deren Grä-ten unter den Schiffsbohlen abgelegt, wo sie den entspre-chenden Geruch entfalteten.

Nachdem der unerwünschte Besuch im Frühling ent-deckt worden war, entfernten die Hausbootbewohner seine Kothaufen. Manche Reste kratzten sie mühsam mit einer Nagelfeile aus den Dielenritzen. Dann holten sie den Kam-merjäger, der das Bootsinnere mit einem gelben Pulver be-sprühte. »Es sah aus wie nach einem Sonnenblumensturm«, erinnert sich unsere Bekannte. Schließlich dichteten sie den Rumpf gründlich ab und befestigten ein Brett, das bis dahin lose vor der Terrasse gehangen hatte. Mahnend drapierten sie eine alte Nerzkappe über dem Eingang.

Zwar wurde der possierliche Nager oder sein Nachkom-me in den vergangenen Jahren immer mal wieder in Boots-nähe gesehen, ein Comeback aber wagte er nicht mehr.

Im Sog der Tiefe

Edgar lebt schon so lange auf dem Wasser, dass es fast nichts gibt, was er mit diesem Element noch nicht erlebt hat. Man kann sagen, er ist mit allen Wassern gewaschen.

Im Winter reist er gern in die Ferne. Er weilte gerade in Afrika, als ein Baum aufs Heck seines zweigeschossigen Hausbootes fiel, das er damals bewohnte. Das holzverkleidete Schiff war durch seine hohen Aufbauten ohnehin nicht sehr stabil. Die Kette, mit dem es am Dalben befestigt war, riss, das Boot kippte zur Seite. Der von seinem Vorgänger aus Stein gemauerte riesige Schornstein hielt der Schräglage und

Berlin, Tiergarten-schleuse. Bug unter Wasser.

der Feuchtigkeit nicht lange stand, stürzte ein und rutschte gemeinsam mit dem gusseisernen Kaminofen und einem Bücherregal in die tiefer gelegene Ecke der oberen Etage. Zudem lag viel Schnee auf dem Deck und drückte das Schiff tiefer ins Wasser. Das letzte Glied in dieser Verkettung unglücklicher Gegebenheiten war ein undichtes Bullauge, das sich normalerweise etwa 30 Zentimeter über der Wasseroberfläche befindet. Durch die Schräglage war dieser Abstand verkürzt worden. Das Wasser schwappte ins Innere, immer mehr, bis sich genügend am tiefsten Punkt der Bilge gesammelt hatte und das Boot auf den Grund der Tiergartenschleuse sank. Glücklicherweise ist dieses Gewässer nicht sehr tief.

Wenige Tage später kehrte Edgar aus seinem Urlaub zurück. Seine Nachbarn hatten das sich anbahnende Drama erst bemerkt, als es bereits zu spät gewesen war – ein kleines Motorboot versperrte ihnen die Sicht auf das undichte Bullauge.

Edgar handelte pragmatisch: Er bestellte ein mit mehreren Tauch- und Bergungspumpen ausgerüstetes Arbeitsboot. Von außen befestigte er eine Plastikfolie, die er an die Holzverkleidung des Schiffes nagelte. Auf diese Weise erhöhte er das Schanzkleid. »Du musst immer einen Rand haben, der sich über dem Wasser befindet«, sagt Edgar. »Wenn du den hast und unten alles einigermaßen dicht ist, kannst du jedes Boot heben.« Die Plane saugte sich an die Schiffswand und verschloss das undichte Bullauge. Dann verrichteten die Pumpen ihre Arbeit, bis das havarierte Boot wieder auf der Wasseroberfläche trieb.

Jahre später, Edgar befand sich gerade im Zug Richtung Berlin, rief ihn sein Nachbar an. »Ich glaube, mein Boot sinkt, mein Boot sinkt«, jammerte der Künstler. Er hatte sein Hausboot von außen mit Naturholz und Schafwolle gedämmt und es von innen liebevoll mit Lehm verputzt. Dabei war das kleine Schiffchen immer schwerer geworden. Außerdem hatte der Nachbar diverse Löcher in der Bordwand – durch die waren ehemals Taue gezogen worden – nicht verschlossen. Dort lief nun das Wasser ins Boot hinein.

Im Dauerlauf hetzte der Helfer vom Bahnhof zu seinem Nachbarn. Das Sinken konnte er nicht aufhalten. »Wenn es einmal reinläuft, ist es vorbei«, weiß Edgar. »Dann läuft es immer stärker.« Eilig schafften die Männer Computer, Bücher und Wertsachen von dem lecken Schiff auf eine daneben liegende Schute.

Das gesunkene Schiff bargen sie gemeinsam mit den anderen Bewohnern der Hausboot-Kolonie: Innen stopften sie alles mit Hanf aus, den sie mit Brettern verkeilten – Drempel nennen die Schiffer solche Konstruktion. Von außen brachten sie wieder eine dünne Plastikplane an, die sich wie ein Stöpsel an die Bootswand saugte, vor allem an den Stellen, an denen das Wasser ins Innere strömte. Dann warfen die Helfer ihre gut zwei Dutzend von überall hergeholten Tauchpumpen an. Dabei handelte es sich um kleinere Geräte für den Hausbedarf, die ständig verstopften, weil sie alles ansaugten, was im Schiffsinneren schwamm. Immer wieder mussten die Pumpen gereinigt werden. In der Summe lief fast so viel Wasser wieder herein, wie die Helfer herausbefördert hatten. So vergingen Stunden, bis die Bergung gelang.

Das Unangenehmste an solchen Aktionen, so Edgars Resümee, sei die eisige Kälte, denn solche Unglücke passieren meist im Winter, und das ausgelaufene Heizöl, »das macht alles kaputt, die Umwelt und deine Sachen. Beim Sinken wandert das Öl nämlich erst einmal nach oben und beim Bergen wieder nach unten. Es geht also zweimal durch alles, was du besitzt«.

Edgar hatte die untere Etage seines Hausbootes nach dem Auspumpen bis auf den blanken Stahl entkernt, die öldurchtränkten Dämmmaterialien entsorgt. Obwohl bereits Jahre vergangen sind, wird er stets an den Vorfall erinnert, etwa wenn er Dias entdeckt, deren Motive das Öl für immer gelöscht hat.

Dennoch findet er: »Ich hatte Glück im Unglück: Viele Dinge befanden sich in der oberen Etage des Schiffes, in die kein Wasser und kein Öl gedrungen ist.« So konnte er

Alles schwimmt:
Kaffee, Nudeln,
Toastbrot und
Schnaps.

Etliches retten. »Und manches war im Wasser und hat keinen Schaden davongetragen – sogar elektronische Geräte,
wo ich denke: ›Interessant, das hätte ich nicht gedacht!‹«

Elf Freunde

Dreimal kurz ertönt das Signalhorn. Es verkündet: »Achtung, meine Maschine geht rückwärts!« Kurz darauf verlassen die »Mark Brandenburg«, die »Bellevue« oder die »Friedrichshain« ihre Anlegestelle – kollisionsfrei, wenn auch nicht alle Freizeitkapitäne, die insbesondere im Sommer auf ihren Tret- und Ruderbooten an den riesigen Fahrgastschiffen vorbeifahren, das Schallsignal verstanden haben. Zuweilen können wir waghalsige Manöver des letzten Augenblicks von unserer Küche aus beobachten, wir wohnen nämlich genau gegenüber dem Treptower Hafen.

Bis 2013 lagen dort noch Hausboote. Anfang 2010 kündigte die Reederei, an deren überzähligen Stegen die 13 Schiffe umfassende Kolonie bis dahin festmachen durfte, einen der Liegeplätze. Ein Grund wurde nicht mitgeteilt,

Schiffsverkehr. Von unserer Terrasse schauen wir auf den Treptower Hafen.

Schiffe. Schiffe. Schiffe. Der Treptower Hafen mit Hausbootkolonie (vorhergehende Doppelseite).

auch nicht auf Nachfrage, auch nicht, als schließlich der Untermietvertrag für weitere zehn Boote beendet wurde. Lief das Fahrgeschäft der Reederei so gut, dass sie die Stege nun für eigene Schiffe benötigte? Waren die Hausboote nur der Platzhalter gewesen, um die überzähligen Steganlagen nicht einem unliebsamen Konkurrenten überlassen zu müssen?

Die Bewohner der Kolonie, von denen manche dort schon seit zehn Jahren lagen, waren auf eine solche Nachricht nicht eingestellt. Wo sollten sie innerhalb eines halben Jahres eine neue Anlegestelle finden, woher sollten Strom und Wasser kommen, all das, was ihnen bislang der Vermieter zur Verfügung gestellt hatte?

Sie rückten zusammen, wandten sich an prominente Politiker und informierten in diversen Medien sowie auf einer Webseite die Öffentlichkeit über ihre Situation, vor allem aber suchten sie nach einem neuen Liegeplatz. In der ganzen Stadt hielten sie Ausschau, deren Ufer sie nahezu mikroskopisch untersuchten. Für 74 Plätze erkundigten sie sich bei den Behörden nach einer Genehmigung. Das bedeutete, 74-mal zu klären, wer der Besitzer des angrenzenden Grundstücks ist, und diesen nach seiner Meinung zu ein bis elf Hausbooten an seinem Ufer zu fragen.

Trotz der Vielzahl wurden alle Vorschläge abgelehnt. Mal monierte die Stadtplanung des zuständigen Bezirksamtes Sichtbehinderungen oder Zuwege, die nicht gesichert seien, oder einen in der Nähe befindlichen Öltank – ein Gefahrengut, zu dem ein Mindestabstand eingehalten werden muss. Mal befürchteten die Beamten, dass sich die Hausbootbewohner später über den Lärm beschweren könnten, der von einem benachbarten Gewerbegebiet ausgeht. Oder die Abteilung Denkmalpflege verwehrte den Hausbooten, sich in der Umgebung eines Denkmals anzusiedeln. Der Naturschutz machte darauf aufmerksam, dass eine seltene Tierart bedroht sei oder dass es sich bei der benannten Stelle um ein sogenanntes »grünes Ufer« handele, an dem grundsätzlich niemand anlegen dürfe. Zuweilen wurde in den

Ämtern ganz allgemein befürchtet, dass man die Hausboote nie wieder von einem Ufer wegbekäme, ließe man eine entsprechende Nutzung erst einmal zu. Einmal machte der Suchtrupp einen herrenlosen 50-Meter-Steg ausfindig, der vier heimatlosen Hausbooten Platz geboten hätte, wäre dies von den zuständigen Beamten nicht vehement abgeblockt worden.

Wurden in der Berliner Senatsverwaltung tatsächlich mal keine Bedenken geäußert, legte das Wasser- und Schiff-fahrtsamt ein Veto ein: An der anvisierten Stelle dürften nur Fracht- und Arbeitsschiffe liegen, an einer anderen gäbe es Probleme bei Eisgang.

Die Vertriebenen erfuhren auch von dem Hafen, in dem das Hausboot »Orion« von Susanne von Gersdorff lag. Sie verhandelten darüber mit dem Liegenschaftsfonds des Landes Berlin. Die Gespräche waren schon recht weit gediehen, als die zuständige Bearbeiterin in den Urlaub fuhr und ihre Vertretung den Hafen kurzerhand an einen jungdynamischen Jaguar-Fahrer veräußerte. Der neue Eigentümer, mit dem die leer Ausgegangenen trotzdem nach einer Lösung suchten, hätte einige Hausboote für ein paar Jahre aufgenommen, für eine üppige Miete und ohne Wasser oder Strom zur Verfügung zu stellen. Die Suche musste weitergehen.

Der Sommer verstrich, die Hausboote lagen noch immer an den Stegen im Treptower Hafen. Die Reederei reichte Räumungsklagen ein und drohte, den Strom abzustellen und die Benutzung der Mülltonnen zu untersagen. Der erste Schiffseigner flüchtete sich vor den rauer werdenden Auseinandersetzungen in eine Sportboot-Marina. Die Übrigen warteten auf die Entscheidung der Gerichte. Dort genossen die als Gewerbemieter geltenden Hausbootler nicht den hohen Schutz von Wohnungsmietern. Schon vor dem Prozess war klar, dass sie unterliegen würden. Nur um Zeit zu gewinnen, gingen sie in Berufung, stellten Befangenheitsanträge gegen das Gericht und eine Wucher-Anzeige gegen die Reederei wegen des überhöhten Mietzinses.

*Hausbootkolonie im
Treptower Hafen:
gekündigt und
verklagt.*

Hoffnung kam auf, als im Oktober 2010 einer der
Hafen-Vertriebenen vom geplanten Abriss des DDR-Zoll-
und -Grenzstegs gegenüber dem Osthafen erfuhr. Dieses
480 Meter lange und mittlerweile recht bröcklige Bauwerk
war 1962 als Wassersperre errichtet worden, nachdem der
Ostberliner Ausflugsdampfer »Friedrich Wolf« mit 13 Flücht-
lingen über den hier in die Spree mündenden Landwehrkanal in den Westen entkommen war.

Die Kostenangebote für den geplanten Abriss warteten
schon in diversen Briefumschlägen darauf, unter Aufsicht
geöffnet zu werden, als das behördliche Verfahren gestoppt
und der Grenzsteg unter Denkmalschutz gestellt werden
konnte. Daraufhin bot das Wasser- und Schifffahrtsamt den
Hausbootlern vom Treptower Hafen an, den Steg zu übernehmen: Für eventuell doch anfallende Abrisskosten müssten sie eine Bankbürgschaft über 400 000 Euro hinterlegen
und mit den übrigen Behörden klären, ob sie dort liegen
dürften.

So wurde die »Unternehmergesellschaft Osthafensteg«
gegründet. Deren Inhaber klapperten die Ämter ab, hörten

Stadtplaner-Sätze wie »Warum wollen Sie dort Hausboote hinlegen? Die Breite der Spree kann doch nur an dieser Stelle so einmalig erlebt werden!« und entwarfen ein Konzept: Der denkmalgeschützte Bereich sollte saniert und von einer neuen Steganlage mit drei Aussichtsplattformen ergänzt werden, Hausboote sollten hier liegen, insbesondere aber Solarboote, die als Sportboote gemietet und auch betankt werden könnten oder in Form von Schiffs-Bussen und -Taxen im Linienverkehr diverse Stationen des öffentlichen Nahverkehrs anfahren würden.

Ein riesiger Turm mit Solarpaneelen, die dem Sonnenstand folgen, sollte Markenzeichen der Anlage und Wahrzeichen für Elektromobilität auf dem Wasser werden, überhaupt sollte der Osthafensteg zu einer Adresse für abgasfreie Schifffahrt werden. Die Entwicklung des Konzepts und dessen Finanzierung mit 3,5 Millionen Euro dauerte lange, zu lange, wie das Wasser- und Schifffahrtsamt befand und im Januar 2012 die Nutzung des Grenzstegs öffentlich ausschrieb. Bei der Präsentation im Sommer 2012 landete das Konzept der »Unternehmergesellschaft Osthafensteg« nur auf dem zweiten Platz, hinter dem des Vereins »Historischer Hafen Berlin«, der dort alte Schiffe präsentieren möchte.

In dieser turbulenten Zeit meldeten sich einige der vertriebenen Nachbarn bei Felix, der ihnen bereitwillig sein Wissen über den Bau von energieautarken Systemen mit Solaranlagen, Windgeneratoren und Blockheizkraftwerken weitergab. Der Kreis derjenigen, mit denen er ausgiebig über Solar- und Windenergie-Erträge, über Abwasseraufbereitung und -entsorgung, über Komposttoiletten und stromsparende Haushaltsgeräte fachsimpeln und sich im Gespräch mit ihnen inspirieren lassen konnte, wuchs exponenziell an. Neue Freundschaften entstanden, die ohne das Treptower-Hafen-Drama vielleicht gar nicht zustande gekommen wären.

Zwei Hausboote laufen aus

*Meistens roman-
tisch: Baden unterm
Sternenhimmel.*

D ie ersten, die alle Rechtsmittel ausgeschöpft hatten,
waren Sylvi und Frank. Ihnen und ihren drei Kindern drohte nun die Zwangsräumung: Man wollte
ihr Boot in einen umzäunten Industriehafen schleppen, in
dem sie nicht wohnen durften, aber eine hohe Tagesmiete
nebst Bewachungskosten zahlen mussten. Nur mit einem
genehmigten Liegeplatz hätten sie diesen Ort jemals wieder
verlassen können.

Um dieser Maßnahme zuvorzukommen, schmiedeten
sie gemeinsam mit ihrem Stegnachbarn einen Plan. Sie

wollten an eine Stelle ziehen, an der sie weder die Rechte ihres ehemaligen Vermieters noch die Denkmalschutzauflagen des Berliner Senats verletzten. Auch das Wasser- und Schifffahrtsamt sollte gegen den gewählten Platz keine Einwände haben, weil die beiden Boote dort nicht den Verkehr behinderten. All diese Kriterien erfüllte eine Stelle, die sich nur einige Meter weiter ostwärts befand. Dort würden sie außerhalb des Treptower Hafens, aber noch innerhalb von dessen Ausbuchtung liegen. Sie würden weder eine dem Bezirksamt wichtige historische Sichtachse zum Park noch die Entenfütterungsstelle blockieren.

Die fehlende Erlaubnis des Stadtbezirks, an der öffentlichen Grünanlage festzumachen, wollten sie umgehen, indem sie mit ihren Schiffen das Ufer nicht dauerhaft berührten: Sie hatten eine Klappbrücke gebaut und am Schiff befestigt, die bei Bedarf ausgefahren und über der Uferkante schweben würde. Statt einer Steganlage setzten sie auf Ankerpfähle. Wochenlang schweißten Frank und sein Nachbar je drei riesige Ösen an ihre Schiffe – die Halterungen für lange, teleskopierbare Pfähle, die sie mithilfe eines Krans einfädelten. Am Liegeplatz würden sie diese Stelzen auf den Flussgrund absenken und dort so tief wie möglich hereindrücken.

An einem Freitag im Oktober 2011 warfen die zukünftigen Besetzer einen Brief ans Wasser- und Schifffahrtsamt in den Postkasten, in dem sie ihren Plan offenbarten. Am nächsten Tag waren fast alle Bewohner der Hausboot-Kolonie beim Umzug behilflich. Zwei der Eingeweihten postierten sich auf den nächstgelegenen Brücken im Osten und Westen, um rechtzeitig das Nahen der Wasserschutzpolizei zu melden. Die Übrigen warteten, bis alle Fahrgastschiffe abgelegt hatten. Die Hausboote hätten diese nicht kollisionsfrei umrunden können, außerdem wollte man die freigewordenen Steganlagen zum Verholen nutzen.

Die Verschworenen treidelten das 20 Meter lange Boot von Sylvi und Frank. Zunächst ging alles gut, doch plötzlich ließ sich das Schiff keinen Meter weiter ostwärts ziehen, zurück ging es ebenfalls nicht mehr. War es in dem flachen Wasser auf Grund gelaufen? Lag das Hausboot auf einem größeren Stück Müll fest, auf einer Parkbank oder einem Fahrrad? Sollte die Lust der Parkbesucher am Versenken von Was-auch-immer ihre lange vorbereitete Aktion doch noch scheitern lassen?

Von einem Beiboot aus stocherte Frank im Flussgrund unter dem Schiffsbauch und zog schließlich den metallenen Einsatz eines Mülleimers aus dem Wasser. Von da an lief der Umzug planmäßig. Auch das zweite Schiff wurde ungehindert zum neuen Platz gezogen. Mithilfe eines an eine Tauchpumpe befestigten Schlauchs wurde Wasser durch die Stelzen geschickt, diese am Flussgrund eingeschlämmt und schließlich mit Kettenzug und Ratsche hineingedrückt.

Die Polizei hatte sich den ganzen Umzugstag über nicht blicken lassen. Erst am Sonntagnachmittag kamen zwei Beamte vorbei. Sie hatten geahnt, dass die Hausbootbewohner sich irgendetwas einfallen lassen würden, äußerten sogar Verständnis. Sylvi kam es vor, als ob es ihnen leidtat, ihre Ordnungswidrigkeiten-Anzeige wegen Stillliegens außerhalb einer genehmigten Liegestelle schreiben zu müssen.

Die im Hafen Verbliebenen machten andere Erfahrungen: Sie fühlten sich in den Wochen danach besonders beobachtet. Früh und abends sahen sie die patrouillierenden Wasserschutzpolizisten in Schleichfahrt an den Stegen vorbeiziehen, scheinbar jederzeit bereit, nach Flüchtigen zu suchen.

Bis Sonntagnachmittag war nun der Auszug der zwei Wohnschiffe wie vorhergesehen verlaufen. Aber würde das Wasser- und Schifffahrtsamt eine Genehmigung erteilen? Über dieser spannenden Frage vergingen die nächsten Tage, bis der amtliche Brief eintraf. Darin hieß es, dass man der Standfestigkeit der Ankerpfähle misstraue. Entweder müssten die Boote den besetzten Platz vor Wintereinbruch verlassen oder die Stelzen tiefer in den Flussgrund getrieben werden. Anschließend sollte Sylvi eine statische Berechnung vorlegen: »Das haben wir dann gemacht. Meinen

Subtraktionsrechenweg hat mir die Mitarbeiterin aber nicht abgenommen. Ich habe ihr total logische Zeichnungen geschickt, mit roten Ankerpfählen und grünen Dalben, und habe ihr vorgerechnet: Wenn die Dalben so lang sind und über dem Wassergrund nur noch so viel davon herausguckt, dann muss der Rest in der Erde sein. Sie hat immer nur gesagt: ›Augenscheinlich sind die Dalben nicht tief genug in der Erde.‹«

Über diese Diskussion war der Winter gekommen, eisige Kälte ließ das Wasser gefrieren. Tatsächlich war die Skepsis der erfahrenen Mitarbeiterin nicht unbegründet. Als das Eis gegen die Schiffe drückte und diese gegen die Ankerpfähle, die sich unter der Naturgewalt bogen, wurde den Wasserbesetzern schon mulmig. »Was da für Kräfte auftreten«, staunt Frank noch immer. Damals griff er vorsichtshalber zur Hacke und befreite die Ankerpfähle vom Eis.

Auf dem Höhepunkt der Standfestigkeits-Diskussionen bot das Wasser- und Schifffahrtsamt schließlich an, feste Dalben für die Hausboote zu genehmigen. 4000 Euro mussten deren Besitzer für das Einsetzen bezahlen. Sie taten es von der Hoffnung genährt, dass ihre schifffahrtspolizeiliche Erlaubnis, die sie für ihren neuen Liegeplatz erhalten hatten, sich mit amtlich anerkannten Dalben dauerhafter gestaltet als mit streitbaren Ankerpfählen.

Schwieriger war die Umstellung der Strom- und Wasserversorgung. Der ehemalige Vermieter brachte kein Verständnis für die Nöte der Betroffenen auf, die darum baten, gegen Entgelt weiterhin Energie vom Hafen zu beziehen, bis sie sich autark versorgen könnten. Zunächst behalfen sich die Vertriebenen mit Kerzen, Taschenlampen und Strom von den Nachbarn, die noch im Hafen lagen, bis diese ebenfalls einen gerichtlichen Räumungstermin erhielten. Unter diesem enormen Zeitdruck installierten die Neulinge im Kreis der Energieselbstversorger so schnell wie möglich ihre Blockheizkraftwerke und Solaranlagen. Es waren unruhige Tage mit wenig Schlaf.

Längst haben Felix' einstige Schüler ihn mit eigenen technischen Raffinessen überflügelt. Sylvi und Frank haben eine solarthermische Anlage eingebaut, erwärmen ihr Wasser also durch die Sonne. Außerdem nutzen sie für die Toilettenspülung, zum Duschen und Wäschewaschen Flusswasser, das sie zuvor mit ultraviolettem Licht gereinigt haben. Auf ihrem Nachbarschiff gibt es eine Hightech-Komposttoilette. Es ist erstaunlich wenig Erde, die dabei entsteht, weswegen diese nährstoffreiche Rarität sehr geschätzt wird, genau wie die daraus entstandenen Tomaten. Nur einen Nachteil hat dieser sinnvolle Kreislauf: Uneingeweihte Toilettengänger brauchen eine Anleitung, und nicht jeder Besucher geht entspannt mit diesem Thema um.

Schöne neue Hausboot-Welt

Sylvi und Frank hatten gerade den Treptower Hafen verlassen. Die Zahl der Boote, die noch an den Stegen der Reederei lagen, schrumpfte in dem Maße, in dem der Druck auf die Gemeinde der noch im Hafen Gebliebenen wuchs. Zwei Jahre waren seit der Kündigung vergangen, und noch immer wussten die Verbliebenen nicht, wohin sie mit ihrem Booten ziehen sollten. Dieser Schwebezustand zehrte an den Nerven.

Zu den letzten Hafen-Hausbootbewohnern gehörten auch Astrid und Michael. Mit viel Elan hatten die beiden gerade ihr Schiff renoviert, als ihnen gekündigt wurde: »Wir dachten, das kann doch nicht wahr sein: Wir stören hier

Noch Brachland.
Bald Heimathafen
für Hausboote.

niemanden, wir zahlen pünktlich Miete, warum müssen wir jetzt hier weg?«

Bei der Suche nach einem alternativen Liegeplatz waren sie die treibende Kraft gewesen, hatten geduldig fünf bis sechs Behörden pro anvisierter Stelle kontaktiert und sich trotz aller Absagen nicht entmutigen lassen. Parallel dazu waren diverse prominente Parteipolitiker auf den Treptower Hausbooten zu Besuch gewesen, hatten Unterstützung versprochen, aber nicht leisten können.

»Da haben wir uns gesagt, jetzt müssen wir uns an die Behördenleiter wenden«, erzählt Astrid. Nach Dutzenden Telefonaten und Briefen schrieb sie an das Wasser- und Schifffahrtsamt in Berlin, an die Senatorin für Stadtentwicklung und schließlich einen »SOS – Wo sollen wir hin?«-Brief an Klaus Wowereit. Tatsächlich leitete der damalige Regierende Bürgermeister von Berlin diesen Hilferuf an seine Mitarbeiter weiter. Ende 2011 traf eine Super-Hausboot-Behörden-Runde zusammen: Der Chef der Berliner Senatskanzlei erschien, mit ihm eine Staatssekretärin und ein Staatssekretär, außerdem zwei Bezirksbürgermeister, der Leiter der Wasserbehörde bei der Senatsverwaltung und der Leiter des Wasser- und Schifffahrtsamtes.

In der Erinnerung von Astrid tuschelte der Staatssekretär während dieser Sitzung beharrlich mit dem Bezirksbürgermeister von Treptow-Köpenick, dem wasserreichsten Bezirk Berlins. Wahrscheinlich bekakelten die beiden da schon, wozu die Staatssekretärin den Bezirksbürgermeister später offiziell aufforderte: »Finden Sie einen Platz für die Hausboote!«

In mehreren Sitzungen untersuchten Beamte des Bezirksamtes und Bezirkspolitiker diverse Varianten und wählten schließlich eine verlassene Industriebrache aus, an der einige verlassene Dalben davon zeugen, dass dort bereits früher Schiffe festgemacht hatten. Die Vertriebenen wussten nicht, ob sie sich freuen oder ängstigen sollten. Ausgerechnet nach Schöneweide sollten sie ziehen? Dass der traditionelle Industrie- und Arbeiterbezirk in Berlins Südosten kulturell

nicht viel zu bieten hatte und darum auch »Schweineöde«
genannt wurde, war noch das kleinste Problem.

Nach der Wende waren hier große Industriestandorte
geschlossen worden, es war eine Gegend der Arbeits- und
Anspruchslosen geworden, in der sich bald die ersten Neo-
nazis etablierten. Ihr Stammsitz war die Kneipe »Zum Henker«. Seit seinem Bestehen tauchte das Lokal regelmäßig in
der Polizeistatistik auf: Ständig gab es Strafverfahren gegen
dessen Gäste wegen Körperverletzung, Verstoß gegen das
Waffengesetz oder des Verwendens von Kennzeichen verfas-
sungsfeindlicher Organisationen. Nur wenige Fußminuten
vom »Henker« entfernt sollte nun die neue Hausboot-Kolonie entstehen. »Niemand war begeistert«, so Astrid.

Sie und ihr Partner wollten aber nicht aufgeben. »Wir
sagten uns, wir gehen da trotzdem hin, wir werden es dem
›Henker‹ schon zeigen!« Beharrlich verhandelten sie weiter
mit dem Bezirksamt. Michael, der die Zähigkeit von Verwal-
tungsprozessen gut kennt, ahnte bereits, dass es noch dauern würde, bis die Hausboote neben dem »Henker« liegen –
Zeit, in der sich einiges ändern könnte.

Er sollte Recht behalten, denn als sich herausstellte, dass
die Ufermauern marode sind, stagnierte das Projekt zwei
Jahre lang. Schließlich übernahm es der Investor, die brö-
ckelnde Ufermauer abzuflachen und zu sanieren. Zum Ersatz für die von ihm bebaute Fläche muss er auch einen kleinen Park anlegen. Obstbäume sollen dort stehen, zusätzlich
wollen die Hausbooteigner Stauden pflanzen. Der Bau der
Steganlage ist ebenfalls ihre Aufgabe.

2013 passierte auch das erhoffte Wunder: Der Vermieter kündigte dem Betreiber des »Henkers«. Angesichts der
Mordserie des Beate Zschäpe/Uwe Böhnhardt/Uwe Mund-
los-Trios vom »Nationalsozialistischen Untergrund« (NSU)
hielt es das Immobilienunternehmen für wenig opportun,
den befristeten Vertrag für den rechten Szenetreff zu verlängern.

Die Hauptstadt befindet sich im ständigen Umbruch,
selbst Schöneweide bleibt davon nicht ausgenommen: Die

Das Gegenüber: Industrie-Architektur aus der Gründerzeit.

vielen Studenten der Hochschule für Technik und Wirtschaft üben einen Sog aus, ebenso die Tatsache, dass Rockstar Bryan Adams in einer der alten Reinbeckhallen Künstlerateliers errichten will. Die Hausboot-Kolonie wird zusätzlichen Flair im Stadtbezirk verbreiten.

Auch Sylvi und Frank werden hier wohnen, denn an der Stelle, an die sie sich gelegt hatten, entsteht mit europäischen Fördergeldern eine Sportboot-Marina. Darum ist sogar das Bezirksamt daran interessiert, dass die Wohnschiffe bald an ihren neuen Platz ziehen.

Es wäre das erste Mal, dass so ein Projekt von allen Ämtern genehmigt würde. Michael hofft darauf, dass nichts Unvorhergesehenes passiert, dass die Bedenkenträger am Ende nicht doch gewinnen und in den typisch deutschen Regulierungswahn verfallen. Er findet, dass die Vertreibung aus dem Hafen nicht nur die Beziehung zu seinen einstigen und zukünftigen Nachbarn intensivierte, er ist sogar der Meinung, dass durch die ständigen Gespräche mit den Beamten deren Verständnis für Wohnbootler gestiegen sei.

Falls also doch alles gut geht, könnte in Schöneweide dann eine – wie Michael es bezeichnet – »letzte freie Zone für Kreativität und experimentelles Bauen« entstehen.

Der Hausboot-
Schamane

Im Sommer 2014 fuhr ich mit Felix zu einer Beerdigung. Tom und Oscar hatten die Verstorbene kaum gekannt und blieben für zwei Tage allein in Berlin. Bei meiner Rückkehr wunderte ich mich über das Chaos auf dem Heck unseres Schiffes: Der Benzin-Generator, den wir dort für Notfälle untergebracht haben, stand mitten im Weg. Die Verkabelung des Nachtlichts bildete ein ungewöhnliches Gewirr. Die künstlichen Blumen, die mein Fahrrad verziert hatten, befanden sich nun auf einem Tisch. Auf dem Anker-

Aufgeschlitzt. Wer beschädigte die Plane am Heck der »Helene«?

kasten lagen zwei Schlüssel, eine EC-Karte, Tabak und ein Handy.

Auch auf dem Schiffsdach war einiges verändert worden. Unsere Leiter stand aufgeklappt, als ob jemand von dort Ausguck gehalten hatte. In einen Pflanzbehälter mit einem Fliederbäumchen war eine Rankhilfe gestoßen worden, die ich vor Kurzem neben der Terrasse abgelegt hatte.

Niemandem aus unserer Familie gehörten die Hinterlassenschaften, meine Kinder beteuerten, nichts mit all dem zu tun zu haben. »Da werden wohl ein paar junge Leute eine nächtliche Party auf unserem Schiff gefeiert haben«, dachte ich und brachte die Gegenstände ins Wohnzimmer.

Am nächsten Morgen kam Oscar mit Brötchen vom Bäcker zurück.

»Mama, da draußen steht einer, der will sein Handy zurückhaben.«

Ich überlegte kurz, wie ich auf diesen dreisten Menschen reagieren sollte, und entschied mich, mir erst einmal die Gründe für seinen Besuch schildern zu lassen.

Vor dem Schiff stand ein Mittzwanziger mit blassem, teigigem Gesicht. Viel konnte man davon nicht erkennen, denn sein Körper war vornübergebeugt, obendrein hing ihm die Kapuze seiner Jacke bis in die Stirn. Ich bat ihn aufs Heck, um in Ruhe mit ihm zu sprechen.

»Ich kann verstehen, dass man diesen Ort schön findet, aber wieso warst du auf unserem Schiff? Hast du mit deinen Kumpels hier gefeiert?«

Er schüttelte den Kopf. »Nein, ich war allein.«

»Und was wolltest du hier?«

»Das klingt verrückt, wenn ich Ihnen das erzähle.«

»Also, ich bin Gerichtsreporterin, ich habe schon die verrücktesten Sachen gehört ...«

»Das ist eine schamanische Geschichte ...«, sagte mein Gegenüber.

»Hm. Und wieso hast du die Blumen von meinem Fahrrad abgemacht?«

»Weil mich das Plastik stört.«

»Hm.«

Mir kam die Fahrkarte in den Sinn, die ebenfalls auf dem Ankerkasten gelegen hatte. 23:01 zeigte der Stempelaufdruck. Um das Gespräch in Gang zu halten, meinte ich zu dem ungebetenen Besucher: »Du warst ganz schön spät erst hier.«

»Ja, ich musste mich beeilen«, antwortete er. Eine leichte Regung durchzog seinen schlaffen Körper.

Allmählich verstand ich. Sein Auftreten, seine Körpersprache, seine Stimme, die hinterlassenen Gegenstände und die bizarre Art seines Treibens wiesen in Richtung eines Kiffers, der mit psychischen Problemen kämpfte, mit Stimmen, die ihm befahlen, zu unserem Schiff zu kommen!

Ich ahnte zu diesem Zeitpunkt noch nichts vom gesamten Ausmaß seines Besuches und hielt den von ihm angerichteten Schaden für marginal. Darum rief ich nicht die Polizei und gab dem jungen Mann seine Sachen zurück – nachdem er die von meinem Fahrrad entfernten Blumen wieder dort befestigt hatte.

Bald aber entdeckte ich weitere Spuren, die vom Bemühen zeugten, unser Schiff zu betreten. Glücklicherweise hatten Tom und Oscar auf unsere Ermahnung gehört und die Türen verschlossen, darum hatte der Eindringling versucht, das am Bug befindliche, angekippte Schlafzimmerfenster aufzudrücken. Die Halterung war verzogen, außerdem prangte der Abdruck einer Hand auf der Scheibe.

Des Weiteren stand die auf dem Dach befindliche Luke zu unserem Holzkeller offen. Der war im Sommer nicht sehr hoch befüllt, andernfalls wäre der junge Mann sicher hineingesprungen. Dann hätte er unsere Stahltür bearbeitet, die Holz und Heizung voneinander trennen, möglicherweise hätte das Schiebescharnier sogar nachgegeben. Die Stahltür des Heizungsraumes aber hätte er nicht aufbekommen, und am nächsten Morgen wären unsere Kinder von seinen Rufen sicher sehr erschreckt worden.

Wenige Monate später, es war unterdessen Herbst geworden, machte Tom dann eine weitere traurige Entdeckung: In der Nacht hatte jemand einen riesigen Dreiangel in die Plane am Heck des Schiffes geschnitten. Scheinbar sinnlos hatte er zudem diverse Gegenstände vom Heck auf den Kai gestellt, einen Aschesauger und mehrere Taue. Das Ganze trug die Handschrift unseres abgedrehten Kiffers.

Jetzt reichte es, zumal sich mir der Verdacht aufdrängte, dass der Besuch im Sommer nicht sein erster bei uns gewesen war: Bereits im Frühjahr hatten wir uns gefragt, wer die Lasche an unserem überplanten Heck so krumm und schief abgeschnitten hatte. Da es die Funktionalität unserer »Eingangstür« aber nicht beeinträchtigte, hatten wir uns keine allzu großen Gedanken gemacht. Nun aber war ich überzeugt davon, dass es nur der auf seinen schamanischen Spuren Wandelnde gewesen sein konnte, der nun erneut an unserer Plane herumgeschlitzt hatte. Welch beunruhigender Gedanke, dass er ein Messer bei sich führte!

Ich ging zur Polizei und zeigte ihn wegen Hausfriedensbruchs und Sachbeschädigung an, seinen Namen hatte ich von der EC-Karte abgelesen. Schade, dass dort nicht sein Geburtsdatum vermerkt worden war, ohne dieses gibt sich die Polizei zumindest bei sogenannten Bagatelldelikten machtlos. Man bot mir schließlich an, ihn in einer Lichtbilderkartei wiederzufinden. Da ich sein verhülltes Gesicht aber kaum gesehen hatte und ohnehin schlecht im Gesichtermerken bin, verzichtete ich darauf.

Stattdessen rüsteten wir unser Boot technisch gegen den Eindringling: Wer es nachts betritt, steht sofort im hellen Licht eines LED-Scheinwerfers und löst eine Alarmanlage aus. Bislang haben wir aber noch niemanden gefangen.

Wenige Wochen nach diesen aufregenden Ereignissen rief mich meine Freundin Sylvi an. Sie hätte eine schöne Geschichte für mich. Gespannt hörte ich ihr zu.

Es war November. Seit Wochen funktionierte das Türschloss auf der »Alfred« nicht mehr richtig, bis auf den Schiffsherrn konnte es niemand öffnen und schließen. Die Sicherheit von Hab und Gut garantierte nur noch das Tor zum Land. Da Frank frühmorgens als Erster das Schiff verließ, hatte er die Bootstür offengelassen, auch das Tor auf dem Steg schloss er nicht mehr hinter sich zu.

Sylvi lag noch im Bett, als sie Geräusche aus der Küche hörte. Jemand schien sich Kaffee zu kochen und Frühstück zu machen. Sie meinte, ihre Tochter sei diesmal schon sehr zeitig wach, und maulte: »Ach, nein, lass noch ein bisschen schlafen!« Doch das Rumoren hörte nicht auf. Als dann noch der Fernseher im Wohnzimmer eingeschaltet wurde, schlug sie die Augen auf. Ohne Brille erkannte sie nur die Konturen der Krachmacherin. Das war eindeutig nicht die Silhouette ihrer schlanken Tochter! Eine fremde Frau war in ihr Boot eingedrungen!

Sylvi ist von Beruf Psychologin und darum geschult, mit psychisch auffälligen Menschen zu verhandeln. »Das ist mein Boot, ich wohne hier. Bitte verlassen Sie mein Schiff!«, sagte sie zu der Fremden. Die behauptete zunächst das Gleiche: »Nein, das ist mein Zuhause!« Dann lenkte sie ein. Mit sanfter Stimme gebot sie Sylvi, sich wieder hinzulegen. Wie hypnotisiert sank die Schlaftrunkene zurück in die Waagerechte, nur mühsam trotzte sie der Versuchung.

Unterdessen waren alle Kinder im Boot erwacht. Schützend stellte sich Sylvis Ältester vor seine Schwester und den jüngeren Bruder, während seine Mutter schnell einen Rock überzog und sich in die Gedankenwelt ihres ungebetenen Gastes versetzte. »Mein Fahrrad!«, fuhr es ihr durch den Kopf. »Mein Fahrrad steht unangeschlossen auf dem Steg!« Sie fürchtete, die Frau könnte damit weggefahren sein.

Noch barfuß verließ Sylvi das Schiff. Tatsächlich war ihr Rad weg. Sie setzte sich auf das ebenfalls unangeschlossene von ihrer Tochter. Nur in welche Richtung war die Diebin gefahren? Weit konnte sie nicht gekommen sein, das Hinterrad des gestohlenen Rades hatte nämlich einen Platten. Sylvi fuhr los – in Richtung einer Frau mit Fahrrad, die von Weitem der Gesuchten ähnelte. Am Ziel angekommen, trat Sylvi irritiert an das Fahrrad heran und rief: »Das ist ja gar nicht meins!« Die Fahrradbesitzerin belehrte sie mitleidig: »Nein, das ist nicht deins, du hast doch schon eins!« Sylvi drehte um. Bald sah sie die Gesuchte, holte sie ein und erklärte ihr erneut die Eigentumsverhältnisse. Glücklicherweise hatte die Diebin wieder ein Einsehen. Lachend meinte meine Freundin: »Ich hätte nicht entscheiden können, wer an diesem Morgen verrückter ausgesehen hat: Sie oder ich, barfuß und mit bettzerzausten Haaren!« Erleichtert schob sie dann die beiden Fahrräder wieder zurück. Nur den novemberkalten Boden, den sie beim Hinradeln nicht betreten musste, spürte sie jetzt deutlich an ihren nackten Füßen.

Ihre ungebetene Besucherin kam ebenfalls wieder, das war in einer Februarnacht. Diesmal fand sie das Tor zu »ihrem Hausboot« verschlossen. Von dem Rettungsring, der direkt vor dem Steg angebracht ist, holte sie sich ein Seil, wand sich dieses um den Leib und sprang ins hüfttiefe Wasser. Kurz darauf erschreckte sie Sylvis Stegnachbarin, die gerade nach Hause kam. Aus dem dunklen Nass heraus drohte sie ihr: »Keinen Schritt näher, oder ich schieße!« Schließlich zogen Polizisten die unterkühlte Frau aus dem Wasser und brachten sie ins Krankenhaus.

Sylvi vermutet, dass sich Menschen in psychischen Krisen von einem Schiff angezogen fühlen. Diese schaukelnde Insel, dieses Ungebundene, von der Welt Losgelöste entspräche ihrem Gemütszustand. Das kann ich verstehen, nur würde ich gern unseren zerstörerischen Gast mit Sylvis diebischer Besucherin tauschen: Unsere Fahrräder sind stets angeschlossen, auch unser Türschloss funktioniert. Und wer bei uns ins Wasser springt, kann niemandem drohen, nur schwimmen.

Ab in den Urlaub!

Bei Hausbooten kommt es nicht nur zu feindlichen, sondern auch zu freundlichen Übernahmen, wenn nämlich deren Bewohner in den Urlaub fahren. Dann laden sie Verwandte oder Freunde zum Bootshüten ein. Diese Aufgabe ist bei Landratten sehr beliebt, auch wenn sie sich erst einmal umgewöhnen müssen. Unsere Gebrauchsanleitung umfasst etwa zwei DIN-A4-Seiten und skizziert fast jedes erdenkliche Szenario: ob nun eine Gasflasche oder der Trinkwassertank leer ist, ob der Solarstrom-Inverter aussteigt oder die Batterie zu schlapp ist, ob der Knopf der Toilettenspülung klemmt und unser kostbares Trinkwasser in den Tanks versickert oder ob die Trinkwasserpumpe per Hand gestartet werden muss.

Urlaubsgefühl schon auf der Dachterrasse.

Lange haben wir darüber diskutiert, wem wir es zutrauen würden, mit all diesen Überraschungen klarzukommen, denn zum Wohnen auf einem energieautarken Hausboot braucht man entweder jahrelange Erfahrung oder ein gutes Gefühl für Technik. In einem leidenschaftlichen Segler mit viel Ordnungssinn sahen wir schließlich den idealen Kandidaten.

Wir bereiteten alles für seine Ankunft vor. Felix wollte noch etwas gegen die zuweilen auftretende Toilettenverstopfung unternehmen, die sich aus einem scharf geknickten Abwasserrohr ergab. Er besprach sein Problem mit dem Gummiwarenhändler seines Vertrauens, bestellte einen biegsamen Schlauch mit etwa zehn Zentimetern Durchmesser und installierte ihn anstelle des gusseisernen Rohrsystems. Einen Tag lang überprüfte er immer wieder sein Werk, der Schlauch schien dicht zu sein.

Zwei Wochen später kehrte ich mit meinen Söhnen aus dem Segelurlaub zurück, während Felix mit einer anderen Crew zu einem wesentlich sportlicheren Törn aufbrach. Alles schien in Ordnung. Unser Boots-Keeper berichtete nur davon, dass er die Gasflaschen auswechseln musste – zuerst die fürs warme Duschwasser, dann die für den Gasherd – und einige Zeit gebraucht hatte, bis er verstanden hatte, dass es auf dem Schiff zwei Gasleitungen gibt. Dieses Szenario hatte ich in meiner Gebrauchsanweisung vergessen.

Wir packten unsere Sachen aus und wollten die Waschmaschine starten. Da unser Schiffshüter vorsichtshalber die Wasserpumpe abgestellt hatte, mussten wir sie wieder in Gang bringen. Das geht per Druck auf einen Kippschalter, der sich unter Deck befindet. Tom öffnete die Luke und kletterte herunter. Ein strenger Geruch stieg ihm in die Nase. Er schaltete das Licht ein. Die trübe Brühe unter dem Hauswasserwerk war nicht zu ignorieren. Er schaute nach rechts zum Abwasserschlauch. Den hatten die aggressiven Fäkalien völlig aufgelöst. Zerfetzt war er langsam in Richtung Bilge gesunken. Sein skelettierter Rest ermöglichte den ungehinderten Blick auf Unappetitlichkeiten, die sich eigentlich im Tank befinden sollten.

Gemeinsam besichtigten wir das Ausmaß der Katastrophe, das sich glücklicherweise auf etwa 20 Quadratmeter im hinteren Teil des Hausbootes beschränkte. Wir überlegten, wie wir vorgehen sollten. Wasser im Schiff war uns nicht neu, einmal war Regenwasser durch die damals noch undichten Lukendeckel, die sogenannten Kaffen, im Vorschiff gedrungen, das andere Mal hatte das Trinkwasser aus dem überehrgeizig befüllten Tank etliche unter Deck befindliche, mit Unterlagen gefüllte Umzugskisten durchnässt. Beide Male hatte Felix den Schaden behoben. Ausgerechnet jetzt, wo es superceklig werden würde, weilte er weit weg.

Wir würden das Schiff säubern und auf unbestimmte Zeit wieder einmal das Porta Potti nutzen müssen. Nicht nur diese Aussicht führte dazu, dass ich völlig entnervt war. In dieser Situation hatte ich in Tom plötzlich einen äußerst empathischen Helfer. Jetzt war er nicht mehr der egoistische Teenager, sondern ein umsichtiger, tatkräftiger Partner. Wir beschlossen, einen Ventilator aufzustellen, um die reizenden Ammoniak-Wasser-Dämpfe zu minimieren. Dann stieg Tom in seine Gummistiefel, zog sich Gummihandschuhe über und setzte sich eine Taucherbrille auf. So ausgestattet kletterte er mit einem Nasssauger unter Deck, wo jeder Mensch, der größer als 120 Zentimeter ist, gebückt laufen muss. Schnell schmerzt der Rücken.

Tom saugte die stinkende Brühe auf. Den halbvollen Auffangbehälter schleppte er über etliche Spanten zurück zur Luke, durch die wir ihn gemeinsam mit äußerster Kraftanstrengung bugsierten. Ich entleerte den Behälter in den Tank und reichte ihn wieder an Tom. Nach einer Stunde hörten wir auf, am nächsten Tag wollten wir weitermachen. Jetzt war es Tom gelungen, auch Oscar zum Mitmachen zu bewegen. Gemeinsam räumten sie die restlichen, auf den Spanten liegenden Bretter zur Seite, wechselten sich beim Aufsaugen ab und sangen sogar dabei.

Zum Schluss schleppte ich Lappen und mehrere Eimer mit Wasser unter Deck. Auf der Bilge kniend oder auf den Spanten sitzend, säuberte ich die betroffene Fläche. Als Felix

Alles klar zum
Bootshüten: Felix
füllt die Batterie mit
destilliertem Wasser.

zurückkehrte, war alles blank und duftete, als sei nichts passiert. Nur der zerfetzte Abwasserschlauch sprach für sich. Felix präsentierte ihn dem Händler und kritisierte ihn scharf, schließlich hatte er ihm vor dem Kauf gesagt, wofür er den empfohlenen Schlauch einsetzen wollte.

Der Händler verhielt sich fair. Auf seine Kosten beschaffte er ein Modell, das eigens für den Transport von Gülle entwickelt wurde und um einiges dicker als sein Vorgänger war. Nur mithilfe von Spanngurten ließ es sich in die endgültige Form biegen.

Aus Schaden wurden wir klug: Mittlerweile verteilen sich drei Wassermelder auf dem Schiffsboden. In jeder abgeschotteten Sektion befindet sich ein Gerät, auch nahe dem Fäkalienschlauch.

Nerds an Bord

Just, als wir unseren Wohnsitz vom Land aufs Wasser verlegten, war ein mobiles Telefon nebst Internetzugang eine erschwingliche Selbstverständlichkeit geworden. So fühlten wir uns auch ohne Festnetzanschluss nicht von der Welt abgeschnitten. Allerdings steigen unsere Ansprüche und die unserer Söhne in puncto mobiles Internet schneller, als die Preise dafür fallen. Deshalb gilt die freiwillige Beschränkung: Videos können nur am Monatsende heruntergeladen werden, falls von dem kostspieligen und darum auf 15 Gigabyte begrenzten Highspeed-Daten-Volumen eines LTE-Routers überhaupt noch etwas übrig geblieben ist. Tom und Oscar wissen sich zu helfen: Sie lieben Orte mit leistungsstarkem WLAN. Dort speichern sie ihre favorisierten Videos auf dem Handy oder auf Datensticks.

»Meine erste Reise um die Welt«: Oskar (3) und Tom (6) am Computer.

Wie in jeder Familie mit Teenager-Kindern wird das Thema Mediennutzung bei uns heiß diskutiert. Oft haben wir Tom und Oscar eine Abhängigkeit von diversen elektronischen Geräten diagnostiziert und den Kopf darüber geschüttelt, weil sie sich vorrangig virtuell mit ihren Freunden treffen, sich übers Internet gegenseitig Spielanweisungen zubrüllen und dabei Mouse- wie Cursor-Tasten traktieren. Wie viele Eltern betrachten wir dieses Freizeitvergnügen mit Skepsis, ohne seinem Sog dauerhaft etwas entgegensetzen zu können.

Daher waren wir wenig begeistert, als uns Tom erklärte, er benötige für sein Lieblingsspiel künftig einen leistungsstärkeren Computer: Das erst vor wenigen Jahren angeschaffte energiesparende Modell biete ihm nicht die technischen Möglichkeiten für maximalen Spielspaß.

Mit großer Beharrlichkeit, Taktik und Argumentationsstärke bekam Tom schließlich die Erlaubnis, sich für ein bestimmtes Budget einen neuen Computer zu kaufen. Felix bat ihn nur, ein stromsparendes Modell zu wählen. Tagelang verglich unser Sohn Preise und Leistungen, Modelle und Komponenten. Schließlich entschied er sich für einen PC – ein energetisch genügsameres Notebook mit gleicher Leistung wäre doppelt so teuer gewesen.

Der Postbote lieferte das riesige Paket bei uns ab. Tom verkabelte die Hardware und installierte die Software, dann konnte der Spaß beginnen. Doch obwohl die Sonne uns mit hochsommerlichen Energiemengen versorgte, traute ich meinen Augen nicht, als ich auf unsere Stromanzeige blickte, während unser Sohn seine Neuerwerbung bediente. Mit seinen fünf Kühlern saugte das Gerät sämtliche Energie weg! Innerhalb von drei, vier Stunden verbriet er das, was ich für eine Waschmaschinenladung oder einmal Geschirrspülen benötige. Mit diesem Bedarf hatte ich nicht gerechnet.

Ein paar Tage lang lief ein erbittertes Tauziehen, Computer gegen Haushaltsgeräte. Traurig schaute Tom seine Neuerwerbung an, die öfter als gedacht still und stumm auf dem Schreibtisch stehen musste. Angestrengt dachte er

nach, kein Szenario ließ er aus: Ob die in den benachbarten Häusern wohnenden Menschen ihm Strom geben würden? Ob es möglich wäre, sich vom städtischen Energieanbieter beliefern zu lassen?

Eines Tages wollte Tom einen Freund einladen, um sein neues Spielzeug zu demonstrieren und seinen Gast daran spielen zu lassen, weil dessen Eltern die Computernutzung noch strenger handhaben als wir. Ich protestierte heftig. Tom verstand mich und suchte nach einem Kompromiss. Er bot an, das Geschirr mit der Hand zu spülen, wenn er im Gegenzug über den gesparten Strom verfügen dürfte. Ich akzeptierte diesen Vorschlag und füllte ihm warmes Wasser ins Abwaschbecken. Mit dem Ziel vor Augen, anschließend gemeinsam mit seinem Freund ungestört spielen zu können, machte sich mein Sohn über das schmutzige Geschirr her. Ungewohnt ausdauernd spülte und trocknete er ab. Er

Erst die Arbeit, dann am Computer spielen. Oskar putzt mein Fenster, Tom reicht ihm den Glasreiniger.

besserte sogar nach, was meine kritische Prüfung nicht bestand.

Schließlich erschien sein Freund. Großherzig überließ Tom ihm das Spielfeld. Stolz erzählte er dem Landstrom-Nutzer, was er für dessen Computersession in Kauf genommen hatte. Der konnte das kaum würdigen. Strom erarbeiten? Den hat man doch jederzeit in jeder Menge zur Verfügung! Tom ließ sich seine Enttäuschung nicht anmerken. Er tat mir leid.

Wir mussten eine Lösung für den stromfressenden Computer finden, wenn wir nicht jeden Tag Energiediskussionen führen wollten. Langfristig wollen wir mehr Solarmodule auf unserem Dach installieren. Neben Toms Computer könnten wir uns dann auch öfter den Luxus gönnen, Filme auf unserem ebenfalls stromfressenden Riesenfernseher anzuschauen. Kurzfristig einigten wir uns darauf, dass Tom und seine Neuerwerbung Asyl in Felix' Büro erhalten sollten.

»Darf ich ins Büro gehen?«, fragen uns unsere Söhne nun, wenn sie Computer spielen wollen. Es klingt irgendwie nach Arbeit.

Die Moral von der
Geschichte

Nur schwer glitt der Spaten in den lehmigen Boden. Als ich am Ende seines Stiels einen Hebel ansetzte, um die Erde rund um die begehrte Pfingstrose zu lockern, brach er ab. Schade. Ich wollte diese Pflanze mitnehmen – als Erinnerung an die Zeit, die wir mit der Auflösung des Hausstandes von Felix' Großmutter verbracht hatten.

97 Jahre alt war sie geworden. Den Krieg hatte sie fast unbehelligt in einer thüringischen Kleinstadt überlebt. Dank eigenem Haus und Garten hatte sie auch in der Nach-

Ressourcen schonen: Wer auf einem Hausboot wohnt, macht sich Gedanken über Wasser- und Energieverbrauch.

kriegszeit weniger leiden müssen als andere. Dennoch war sie vom kollektiven Trauma des Hortens und »Nichts-mehr-wegschmeißen-Könnens« erfasst worden.

Nahezu alle Dinge gab es in dem Haus mehr als einmal. Das zeigte sich, als ich mich mit dem abgebrochenen Stiel in der Hand in die Garage begab, dort einfach zum nächsten Spaten greifen konnte und mit einem Seitenblick erkannte, dass sogar noch ein dritter auf seinen Einsatz wartete.

Genauso hielt es Schwiegeroma mit ihrer Garderobe. Die Modekönigin konsumierte hemmungslos, ohne schlechtes Gewissen wegen verschwendeter Ressourcen, natürlich auch nicht gegenüber Tieren, die ihr Leben wegen Omas Pelzliebe aushauchen mussten. Was nach ihrer Meinung unmodern geworden war, schmiss sie aufgrund ihres Nachkriegstraumas nicht weg. Im großen Haus wanderte es einfach eine Etage höher, bis es irgendwann im Dachboden angekommen war, wo die Dinge allmählich verstaubten, verschimmelten und sich zersetzten.

50 Jahre hatte Felix' Großmutter in diesem Haus gelebt, in dem sich auch noch Hinterlassenschaften ihres Mannes und ihrer verstorbenen Tochter befanden. Nachdem wir ein halbes Jahr lang intensiv Möbel, Kleider, Geschirr und sämtliche Bücher verteilt hatten, blieben mehr als acht Tonnen Müll übrig. Diese Bilanz stimmte mich nachdenklich.

Schon beim Sortieren spürte ich, dass die Großmutter nie Geldsorgen hatte und dennoch eine sehr unglückliche Frau gewesen war, die ihren Frust im Konsum zu ersticken suchte – ein Konsum, der sich in dem geräumigen Haus in seiner Gesamtheit offenbaren konnte. Sein Ausmaß erschreckte mich, scheint doch der Unterschied zwischen damals und heute oft nur darin zu bestehen, dass man die Dinge eben nicht mehr aufhebt, sondern ungeniert in die Tonne wirft.

In dieser Hinsicht hat mich das Leben auf einem energieautarken Hausboot verändert, denn an diesem Ort kommt man nicht umhin, auf einen möglichst sparsamen Umgang mit Ressourcen zu achten. Das fängt beim Wasser an, das wir nicht einfach laufen lassen und das wir – wo es sich anbietet – auch doppelt nutzen, etwa Dusch- oder Abwaschwasser für die Toilettenspülung. Wir diskutieren oft über Müllvermeidung und tun das Naheliegende, was angesichts der ungebremsten Plastikflut immer noch zu wenig ist. Ich hoffe auf die Zukunft, in der dieses Problem offensiver angegangen werden muss.

Es geht weiter mit dem Strom, den wir überlegt einsetzen müssen, nämlich am besten dann, wenn er gerade von Sonne oder Wind produziert wird. Automatisch überlege ich, wofür ich ihn am dringendsten brauche und welche anderen Energieverbraucher noch ein bisschen warten können. So komme ich nicht auf die Idee, eine halbvolle Geschirrspül- oder Waschmaschine zu starten.

Die Gedanken berühren weitere Ressourcen, etwa den Kraftstoff fürs Auto. Als ich aufs Hausboot zog, war ich eine junge Mutter mit zwei kleinen Kindern und einem großen Familienauto, in dem auch Vieles unnötig spazieren gefahren wurde, einfach weil keiner Zeit und Lust hatte, es wegzuräumen oder in den Haushalt einzusortieren. Ich bin nicht sportlich und hatte darum wenig Ambitionen, mehr als zwei, drei Kilometer mit dem Fahrrad zurückzulegen. Doch je länger ich auf unserem Schiff wohnte, umso grotesker erschien mir dieses Verhalten. Es änderte sich durch einen Fahrradurlaub, zu dem ich mich überreden ließ, weil ich der Meinung war, dass ich mit dem damals sechsjährigen Oscar schon mithalten würde.

Es kostete mich ein wenig Überwindung, auch nach dem Urlaub statt des flotten Motorrollers weiterhin das Fahrrad zu nehmen. Ich wollte es dennoch, ein schmerzhafter Hexenschuss mahnte zu mehr Bewegung. Anfangs schummelte ich und nutzte für den morgendlichen Arbeitsweg auch das Fahrradabteil der Bahn. Nach zwei Jahren brauchte ich das nicht mehr. Ich genieße es mittlerweile, beim Strampeln die Gedanken laufen zu lassen und Ideen zu entwickeln.

Unseren Motorroller und die Familienkutsche haben wir abgeschafft, dennoch verzichten wir nicht auf ein Auto. Es ist von außen sehr klein, von innen aber ungewöhnlich geräumig und wird von uns bei kaltem Wetter fürs abendliche Ausgehen, für Transporte oder Überlandfahrten genutzt. Manchmal wundern wir uns, wie selten es im Einsatz ist, und überlegen, ob wir zum Car-Sharing übergehen sollten. Wohl eher werden wir uns ein Elektroauto zulegen.

Wie bereits beschrieben, gehören auch das Basteln und Reparieren zum Alltag auf dem Hausboot. Manchmal werden Bohrmaschine und Schraubschlüssel auch an gewöhnliche Haushaltsgegenstände angesetzt, wobei nicht jeder Eingriff von Erfolg gekrönt ist. Vieles funktioniert hinterher wieder, manches verändert sich unter der Behandlung – gutwillig kann man von einer individuellen Note sprechen, die es dann besitzt. In jedem Fall wachsen die Dinge, in die man Zeit gesteckt hat, einem mehr ans Herz als die eben schnell mal neu gekauften Produkte.

Dabei sehe ich mich nicht als spartanisch lebende Öko-Schnecke – dafür kaufe ich viel zu viele Schuhe –, aber ich plädiere fürs Mitdenken und kleine Anstrengungen, die jeder auf sich nehmen kann, damit unsere plastikdominierte Wegwerf-Konsum-Gesellschaft nicht zur Apokalypse gerät. Man muss nicht unbedingt auf Angenehmes verzichten, aber man sollte andere Wege des Konsums einschlagen, mit denen man der Umwelt weniger schadet als auf bislang übliche Weise.

Felix hat dafür eine Vision entwickelt. Natürlich handelt es sich dabei um die Vision von einem Schiff, das bezeichnenderweise aus Omas Erbe entsteht. Es ist ein energieautarkes Seminarschiff: groß und klassisch schön, auf dem Deck kann man zwischen sonnigen und schattigen Plätzen unter den verstellbaren Solarsegeln wählen. Es fährt mit selbst erzeugter elektrischer Energie und, falls die Sonne nicht scheint, mit wiederaufbereitetem Pflanzenöl. Es kann mitten auf einem Gewässer auf Ankerpfählen still stehen und dabei ohne knatternde, stinkende Motoren so viel Strom produzieren, dass 100 bis 200 Gäste in Ruhe ihre Workshops abhalten oder Partys feiern können.

Dieses Schiff wird glücklich machen, ohne dass seine Bordgäste auf Komfort verzichten müssen, und es wird die Umwelt weit weniger belasten als konventionelle Fahrgastschiffe.

Aber das ist eine andere Geschichte.

Nützliches

Geeignete Liegeplätze

Wer auf einem Hausboot leben möchte, sollte als Erstes dieses Buch lesen. Danach weiß er, dass die Genehmigung eines Liegeplatzes die größte Hürde für die Erfüllung dieses Wunsches darstellt und dass man dafür sehr viel Geduld plus Beharrlichkeit aufbringen muss. Geeignete Stellen für einen Liegeplatz gibt es in privaten Marinas oder an Uferabschnitten, die sich in Privatbesitz befinden, allerdings kann der Liegeplatz dort sehr teuer sein – das ist der Fall, wenn die Kosten dafür so hoch sind wie die Miete für eine Wohnung, denn obendrauf kommen noch die Unterhaltskosten für das Schiff.

Wer genehmigt was?

Befindet sich das Ufer in öffentlicher Hand, muss sich der Hausbootfan an die zuständigen Behörden wenden. Für einen Liegeplatz auf einer Bundeswasserstraße fragt man auf drei Ebenen um Erlaubnis: auf der nationalen Ebene das Wasser- und Schifffahrtsamt, außerdem die regionalen Stadtplaner und schließlich die kommunalen Behörden, denen die öffentlichen Uferflächen gehören. Die regionalen und kommunalen Behörden gliedern sich manchmal noch in verschiedene Abteilungen mit unterschiedlichen Zuständigkeiten etwa für das Wasser, die Umwelt, den Denkmal- und Naturschutz.

Alt- oder Neubau?

Ein Hausboot kann man sich von diversen Schiffswerften bauen lassen, das Internet bietet schnell zahlreiche Anbieter, ebenso Sonderbeilagen in Magazinen von »boote« bis

»Schöner Wohnen«. Deutlich preiswerter wird es, wenn man ein Schiff, das zuvor bereits zum Wohnen genutzt wurde, kauft und modernisiert. Andernfalls stehen aufwändige Umbauten an. Für das Objekt der Begierde sollte ein gültiges Schwimmfähigkeitszeugnis existieren. Dieses muss der Hausbooteigner vorzeigen, wenn er einen Nutzungsvertrag mit einer privaten Marina oder mit den Behörden abschließt. Noch besser ist ein Schiffsattest, dann ist der Wechsel von einem Liegeplatz zum nächsten auch ohne behördliche Sondergenehmigung möglich.

Schiffs-»TÜV«

Schwimmfähigkeitszeugnis und Schiffsattest müssen regelmäßig erneuert werden. Auf *www.elwis.de/Schifffahrtsrecht/ZSUK/Freie_Sachverstaendige/Landrevision/index.html* sind Schiffssachverständige aufgelistet. Diese untersuchen die Stahldicke, bestimmen gegebenenfalls die Stellen, die verstärkt werden müssen und vergeben das Schwimmfähigkeitszeugnis. Die Verlängerung des Schiffsattestes erfolgt durch die Zentrale Schiffsuntersuchungskommission, die sich vor allem für die nautische Ausrüstung eines Schiffes interessiert. Ist ein Schiffsattest einmal abgelaufen, ist es schwer, es wieder neu zu beantragen – in jedem Fall ist es aufwendig und teuer.

Wo wird man fündig?

Gebrauchte Wohnschiffe finden Hausbootfans in einschlägigen Internetforen wie *www.best-boats24.net, www.boot24. com, www.gebrauchtboote.de, www.boots-boerse.de, www.bootswelt.de, www.boote.de, www.netboat.com, www.boten.nl, www. botentekoop.nl*. Auch auf ebay und bei dem Verwertungsunternehmen des Bundes (*www.vebeg.de*) werden sie fündig. In jedem Fall sollten sie vor dem Kauf einen Schiffssachverständigen fragen.

Wärme und Energie

In einem Wohnschiff gibt es Kaminöfen und Heizungs-
anlagen, die mit Öl oder Pellets betrieben werden. Ein gut
gedämmtes Boot wird schnell warm. Das Badewasser wird
mit Gas erwärmt oder von der Sonne, also solarthermisch.
Strom kommt entweder vom städtischen Versorger – dabei
nicht den Trenntransformator vergessen – oder man produziert ihn selbst: mit Solarkollektoren, einem Windgenerator
oder einem Blockheizkraftwerk. Trinkwasser liefern sogenannte Bunkerboote, man kann es aber auch von den städtischen Wasserwerken beziehen oder ersucht um die Genehmigung, Flusswasser in geringen Mengen zu entnehmen.
Das wird mit ultraviolettem Licht sowie Filtern gereinigt und
eignet sich allemal zum Duschen und Wäschewaschen.

Wohin mit dem Schmutzwasser?

Wohnschiffe verfügen über Abwasser- und Fäkalientanks,
die je nach Größe alle vier bis acht Wochen von der Was-
ser- oder Landseite aus geleert werden müssen – per Entsor-
gungsschiff oder -fahrzeug.

Pflege bei Frost

Schnee und Eis stellen für ein Stahlschiff grundsätzlich kein
Problem dar. Nur der Schutzanstrich leidet darunter, weil er
durch das Eis und die vorbeitreibenden Schollen zerkratzt
wird und an diesen Stellen erneuert werden muss. Schiffsbe-
satzungen, die ihr Trinkwasser aus einer permanent auf dem
Land gelegenen Quelle beziehen, haben ebenfalls Probleme
mit Dauerfrost, oft frieren ihnen die Leitungen ein.

Ordentlich festmachen

Auf der Berliner Spree schwankt der Wasserstand bei Regen
oder Trockenheit nur gering, deshalb werden die Schiffe
mit dicken Drahtseilen an landseitigen Pollern oder Dalben

festgemacht. Auf stärker strömenden Gewässern wie dem Rhein oder der Elbe sind die Schiffe an schwimmenden Pontons fixiert, die dem Wasserstand folgen können.

Kosten

Das Wohnen auf dem Wasser ist nicht unbedingt billiger als an Land. Zu den einmaligen Kosten für Anschaffung und Sanierung kommen die laufenden Kosten für den Liegeplatz, für Heizöl, Holz und Wasser sowie für die Entsorgung des gebrauchten Wassers und für Versicherungen. Wenn das Schiffsattest abläuft, muss das Boot in die Werft. Das Schleppen dorthin und zurück, die Dockmiete, die Werftarbeiten, der Schiffsgutachter – all das kostet Geld, das vorher gespart werden sollte.

Die neue Adresse

Auf einem Hausboot kann man sich polizeilich anmelden, die Landadresse erhält den Zusatz »Hausboot«. Der Postbote gewöhnt sich daran zunächst nur langsam, aber irgendwann klappt es schon.

Tierschutz – und Schutz vor Tieren

Am und im Wasser leben viele Tiere: Vögel, Fische, Füchse, Katzen, Spinnen – letztere können alles an Bord verdrecken, halten aber auch die Mücken ab. Mit Ratten haben vornehmlich die Schiffsbesitzer zu kämpfen, deren Heim den Tieren genügend Möglichkeiten zum Entern bietet – kleine Ritzen und Löcher in den Bordwänden, durch die sie hinein-und hinausschlüpfen können. Das ist eher bei Schiffen der Fall, die aus einem Stahlponton mit Holzaufbau bestehen.

Hausboot zur Probe

Die meisten Hausboote befinden sich in Privatbesitz, nur selten gibt es die Möglichkeit, diese Wohnform als Mieter zu genießen. Trotzdem gibt es Wege, dieses Lebensgefühl probeweise kennenzulernen: Man mietet im Sommer kleine, schwimmende Bungalows mit einem Außenbordmotor oder übernachtet in einer Schiffspension wie etwa den Hostelboats an der Berliner Eastside Gallery oder bietet sich als kompetenter Bootskeeper an, wenn ein Wohnschiffbesitzer in den Urlaub fahren möchte.

Sicherheit

Wohnschiffe sinken selten. Dennoch kann Flusswasser ins Bootsinnere eindringen, etwa nach einem Zusammenstoß mit einem anderen Schiff oder wenn die Schiffsaufbauten falsch verteilt wurden oder zu schwer sind. Wassermelder helfen, diese Gefahr früh zu erkennen. Falls es doch passiert, sollten die Obdachlosen auf eine Bergeversicherung zurückgreifen können, etwa bei der Vereinigten Schiffsversicherung VSV.

Weitere Antworten

Und wer jetzt noch weitere Fragen hat, kann uns gern über die Homepage *www.estyle-berlin.de* kontaktieren.

Danke

Dieses Buch entstand, weil mein Mann nicht aufgehört hat, mich darum zu bitten. Er und meine Söhne haben mich beim Schreiben mit ihren Erinnerungen unterstützt.

Das Buch enthält auch Erlebnisse und Erfahrungen, die Freunde und Bekannte mit dem Hausbootleben gesammelt haben und die sie mir anvertrauten.

Dafür möchte ich mich bei Sylvi und Frank, bei Heinrich, bei Iris, bei Michael und Astrid, bei Edgar Schmidt von Groeling, bei Susanne von Gersdorff, bei Constance Debus sowie bei Ben Riesenfeld herzlich bedanken!

––––––––––––––––

Bibliografische Information der Deutschen Nationalbibliothek
Die Deutsche Nationalbibliothek verzeichnet diese Publikation
in der Deutschen Nationalbibliografie; detaillierte bibliografische
Daten sind im Internet über http://dnb.dnb.de abrufbar.

1. Auflage
ISBN 978-3-667-10425-0
© Delius Klasing & Co. KG, Bielefeld

Lektorat: Birgit Radebold
Titelfoto vorn und hinten: Tom Pischell
Fotos: Felix Eisenhardt, mit Ausnahme von: S. 2, 4/5, 28/29, 30, 41, 43, 47, 51, 52, 55, 57, 60, 62/63, 66, 176: Andreas Krone; S. 6/7, 12/13, 68, 70, 71, 72, 90, 92, 93, 97, 115, 154/155, 156, 159, 179, 184, 194/195: Tom Pischell; S. 36, 101, 104/105: Paulus Ponizak; S. 85, 180: Margrit Falck; S. 94: H. Schoch; S. 112: Susanne von Gersdorff: S. 125, 128/129, 166, 169, 182: Uta Eisenhardt; S. 140/141: Constance Debus; S. 147: Christian Marar/fotolia; S. 150, 153: Edgar Schmidt von Groeling
Karte: inch3, Bielefeld
Umschlaggestaltung: Felix Kempf, www.fx68.de
Layout: Axel Gerber, Gabriele Engel
Lithografie: scanlitho.teams, Bielefeld
Druck: Print Consult, München
Printed in Slovakia 2016

Delius Klasing Verlag, Siekerwall 21, D - 33602 Bielefeld
Tel.: 0521/559-0, Fax: 0521/559-115
E-Mail: info@delius-klasing.de, www.delius-klasing.de

LEON SCHULZ

Sabbatical auf See

EINE FAMILIE SETZT DIE SEGEL

DELIUS KLASING VERLAG

320 S., Format 13,5 x 21,5 cm, kartoniert
Euro 12,90 (D)/13,30 (A)
ISBN 978-3-7688-3398-1
www.delius-klasing.de

E-book: 9,99 Euro

1

*In dem wir einen Zentimeter verlieren,
aber einen Meilenstein gewinnen*

Träumen

Stellen Sie sich Ihr Leben doch einmal auf einem Maßband vor. Jeder Zentimeter könnte ein Jahr Ihres Lebens bedeuten. Auf wie viele Zentimeter schätzen Sie Ihre Lebenserwartung? Schneiden Sie Ihr Band dort ab. Wie viele Zentimeter sind Sie schon auf Ihrem Lebensweg gewandert? Markieren Sie diesen Punkt. Wie viele Zentimeter liegen noch vor Ihnen? Womit möchten Sie diese Zukunft füllen?

Meine Frau Karolina und ich waren schon fast 40 Zentimeter weit auf unserem Daseinsband gekommen, als wir es an einem kalten Wintertag zur Hand nahmen. Wir spielten nämlich mit dem Gedanken, irgendwo aus der Mitte unseres Weges einen Zentimeter herauszuschneiden: gleichsam symbolisch aus unserem Alltagstrott auszubrechen. Um unsere Lebenssituation besser zu begreifen, griffen wir zur Schere, schnitten drauflos und klebten die beiden Stränge des Maßbandes wieder aneinander. Das Erstaunliche war: Wir konnten kaum einen Längenunterschied an der Gesamtstrecke feststellen! Das Band erschien uns immer noch recht lang – auf jeden Fall lang genug für ein normales Leben, so wie die meisten Menschen es führen.

Der ausgeschnittene Zentimeter lag auffordernd auf unserem Wohnzimmertisch. Er sah so winzig aus, und doch könnte er mit so vielen Erlebnissen gefüllt werden. Allerdings nur, falls wir es tatsächlich wagen würden, ein Sabbatical einzulegen.

Das Herumschnipseln gaben wir bald wieder auf, den Zentimeter warfen wir in meine Nachttischschublade und vergaßen ihn. Wir hatten ja so viele vermeintlich wichtigere Dinge zu tun, als über dessen Bedeutung zu philosophieren oder über die Länge, den Inhalt oder die Qualität unseres Lebens nachzugrübeln. Wir waren voll ausgelastet und für eine Abweichung, geschweige denn einen Ausstieg, viel zu beschäftigt. Also konzentrierten wir uns weiter auf unsere Berufstätigkeit, sorgten für unsere Kinder, chauffierten sie zu ihren unzähligen Aktivitäten und wieder nach Hause und versuchten, konstant unser Tempo zu halten, um die vielfältigen Anforderungen des Alltages bewältigen zu können. Dabei verloren wir immer öfter den Blick für das Wesentliche. Abend für Abend gingen wir mit einem erhöhten Pensum an unerledigten Aufgaben zu Bett, obwohl wir uns in der hohen Kunst des Multitaskings immer mehr perfektionierten.

Ohne Zweifel hatten wir damals ein gutes Leben! Vielleicht war es nicht gerade aufsehenerregend, aber komfortabel, erfolgreich und zufriedenstellend. Die täglichen Probleme, die zu jedem Leben gehören, hievten wir wie Steine zur Seite und hofften darauf, so unseren abgesteckten Weg zum Ziel freizuschaufeln. Einige größere Brocken wogen schwer wie kleine Berge, aber insgesamt wussten wir immer, wie wir im Leben weiterkommen wollten. Die großen Herausforderungen, die wir bereits in jungen Jahren erfolgreich bewältigt hatten, lagen schon einige Jahre hinter uns. Oftmals erschien uns alles so anstrengend. Doch wir erinnerten uns auch an die wunderbaren Stunden des Glücks und des Stolzes, wenn wir wieder eine Sprosse die Erfolgsleiter hinaufgeklettert waren. Im Vergleich zur früheren Befriedigung verursachte uns der ständige Alltagskampf nun jedoch zunehmend weniger Glücksgefühle. Zudem schienen auch unsere weiteren Aussichten wenig verlockend zu sein: Wir versuchten uns vorzustellen, welche Überraschungen unser Schicksal noch bereithalten könnte. Oder war das schon alles gewesen? Hatten wir auf halber Strecke schon alles kennengelernt, und würde es mit uns im besten Fall einfach immer so ähnlich weitergehen? Solche Fragen plagten uns, als wir zu träumen begannen und von einem Leben mit mehr Sinn, Tiefgang und Glück fantasierten.

Viele Menschen verwirklichen ihren Ausstieg auf Zeit in vier Phasen: träumen, planen, handeln und wiedereingliedern. Wir liebten die ersten beiden Schritte, wobei der Schritt vom Träumen zum Planen unseren ganzen Mut erforderte. Bei diesem Übergang fällt nämlich die wesentliche Entscheidung: Der Traum wird plötzlich sehr fassbar und konkret. Die letzte Phase, die auch für uns so verzwickte Wiedereingliederung, haben wir bis heute noch nicht ganz bewältigt, erwies sie sich doch für uns alle als viel schwieriger, als wir es uns vorgestellt hatten. Denn wir haben uns verändert! Ob wir je wieder so werden wie früher, ist nicht mehr sicher. Und noch entscheidender: Wollen wir das überhaupt?

Während der ersten Phase träumten wir davon, etwas Außerordentliches zu unternehmen: eine Zeit lang einen alternativen Lebensstil auszuprobieren und uns selbst zu verwirklichen. Vielleicht wollten wir auch einen Hauch von Abenteuer erleben, aber bitte ohne Angst! Und nicht für immer, nur für ein Jahr oder so. Eine einschneidende Veränderung ist natürlich mit neuen Erfahrungen und einem gewissen Risiko verbunden, und jeder muss für sich selbst die Entscheidung treffen, wie weit er den Wechsel treiben und welche Mittel er dabei einsetzen möchte. Auf jeden Fall füllt man eine Auszeit am besten mit einer Tätigkeit, für die eine gewisse Leidenschaft im Herzen schlummert. In unserer Familie ist es das Segeln. Und so entschieden wir uns für eine lange Reise auf dem Meer. Die zentrale Erfahrung unserer Auszeit wurde jedoch die innere Reise, ausgelöst durch die selbst gewählte Lebensveränderung, welche zu einem wunderbaren Wandel führte, der unser seelisches Wachstum förderte – unabhängig vom Boot und vom Meer. Diese Reise – und unser neues Leben – begann bereits an jenem Tag, als wir den Zentimeter aus dem Maßband herausgeschnitten hatten.

Dies ist deshalb die Geschichte einer ganz normalen Familie mit durchschnittlicher Segelerfahrung, einem stabilen Lebenslauf und einem nicht ungewöhnlichen Traum. Wir wollten gemeinsam etwas Neues machen, etwas Besonderes erreichen, etwas Mutiges, das wir noch Jahre später mit einem genussvollen und stolzen Schmunzeln aus der Erinnerung abrufen könnten. Ich glaube, wir strebten nach Selbsterkenntnis, doch das verstanden wir damals noch nicht. Unser Buch handelt von unserem inneren Wandel, den wir langsam vollzogen, ohne ihn bewusst angestrebt zu haben. Wir wurden davon überrascht und bekamen als Belohnung Gelassenheit geschenkt, sodass wir heute wichtigen Entscheidungen, größeren Gefahren und Herausforderungen und jeder neuen sozialen Umgebung besonnen entgegentreten können.

In welcher Lebensphase sehen Sie sich zurzeit? Möglicherweise befinden Sie sich ja schon in der Traumphase, oder hätten Sie sonst dieses Buch in die Hand genommen? Ich kann mich noch gut an die Jahre entsinnen, in denen ich an keinem Bootszubehörladen vorbeilaufen konnte, ohne in dessen Bücherregalen zu stöbern, und auf jeder Bootsmesse zogen mich die Buchstände magnetisch an, um nach den Neuerscheinungen von segelnden Familien Ausschau zu halten. Eigentlich wollte ich immer wieder dieselbe Frage beantwortet haben: Wie brachten diese Familien den Mut auf, alles Vertraute hinter sich zu lassen, um einem ungewissen Abenteuer entgegenzusegeln?

Vielleicht denken Sie ähnlich wie ich damals, dass man als Familie ganz speziell gestrickt sein muss, eine große Menge Mut braucht, ein wenig Waghalsigkeit, sogar einen Hauch Naivität und schließlich auch überdurchschnittliches Glück, damit alles gut gehen kann.

Wir nahmen unsere Kinder aus der Schule, verkauften unser Haus, gaben unsere Berufe auf, und dann, ganz einfach, ließen wir die Leinen los und segelten aus dem Hafen. Vielleicht sind wir tatsächlich etwas abenteuerlich veranlagt, und wir brauchten sicherlich auch eine Portion Mut, aber wir sind nicht mehr vom Glück gesegnet als andere Familien. Im Gespräch mit den vielen segelnden Eltern-und-Kinder-Crews, die wir unterwegs getroffen haben, wurde deutlich, dass wir alle eine sehr ähnliche Entwicklung durchlaufen haben: mit den gleichen Fragen, mit ähnlichen Ängsten und vergleichbaren Erlebnissen vor, während und nach der Durchführung unseres Segelabenteuers.

Ein Beispiel: Während unserer Traumphase konnten wir unzählige Gründe aufzählen, warum gerade wir ein solches Segelprojekt niemals in die Tat umsetzen würden. Ich pflegte mit Ehrfurcht Segelbücher zu verschlingen, die von all den anderen Glücklichen handelten, die es geschafft hatten, ihre Träume zu verwirklichen. Wir hatten keine Erfahrung im Blauwassersegeln und zudem einen attraktiven Arbeitsplatz als Ingenieure und Kinder, die zur Schule mussten! Wir zweifelten, ob

10

wir es uns überhaupt leisten könnten, ein ganzes Jahr ohne finanzielle Einnahmen auszukommen. Viele gute Gründe, dort zu bleiben, wo man sitzt, oder? Aber nachdem wir wieder einmal einen Vortrag von einer echten Blauwasserseglerin gehört hatten, ging ich am Ende des Referates zu ihr und sagte, dass wir auch so gerne das machen würden, wovon sie gerade erzählt hatte.

»Na, dann tu's doch!«, antwortete sie forsch.

Ich dachte, sie hätte mich nicht verstanden. Damals war ich noch davon überzeugt, dass ich mein so sorgsam geregeltes Leben weder verändern dürfe noch könne. Wie engstirnig ich doch war! Heute weiß ich: Was man wirklich will, das kann man auch und sollte es tun! Das Leben ist so lang – was ist da schon ein Zentimeter Auszeit? Daher warne ich meine Leser: Sie lesen unser Buch auf eigene Verantwortung! Es könnte sein, dass auch Sie vom Fernweh angesteckt werden, Ihre Chancen sehen und plötzlich den Entschluss fassen, ebenfalls die Leinen loszulassen. Auf jeden Fall würden wir uns sehr freuen, Ihnen auf den Weltmeeren zu begegnen, denn Platz ist dort genug, und das Risiko, dass Sie Ihren Aufbruch bereuen, scheint mir eher gering. Tatsächlich bereuen die meisten Menschen auf dem Sterbebett eher das, was sie im Leben unterließen, als das, was sie gewagt haben. Und mir ist noch keiner begegnet, der am Ende bereute, nicht genug gearbeitet zu haben.

Aus der Rückschau war für uns der Übergang zwischen der Phase vom Träumen zum Planen am schwierigsten. Diesem Schritt ging ein langer innerer Kampf voraus, der sich in unzähligen Gedanken und Diskussionen im Kreis drehte. Immer wieder erwogen wir dieselben Vor- und Nachteile, Risiken und Chancen, ohne ein klares Bild zu bekommen. Die Herausforderung schien einfach zu vielschichtig, denn wir hatten Angst vor einer Veränderung! Dieser Prozess ist verständlich und sogar notwendig.

Sollten auch Sie diesen inneren Kampf schon in sich selbst gespürt haben: Keine Sorge, wir haben alle darunter gelitten – er gehört dazu! Angst ist der Schrecken jedes denkenden Menschen! Angst steht im Zusammenhang mit stammesgeschichtlich herausgebildeten Warn- und Schutzfunktionen und kann schon bei der Vorstellung einer potenziellen Bedrohung auftreten. Daher führt sie oftmals zu Vermeidung, unterdrückt möglicherweise die Freude am Erkunden von Neuem oder am Spiel und hemmt somit Initiative und Kreativität. Aber man kann sie überwinden und den bewussten, reflektierten und respektvollen Umgang mit Angst in einem weitgehend kontrollierten Rahmen auch als lustvoll, befreiend und zutiefst befriedigend erleben. So tobt ein lebenslanger Kampf in jedem Einzelnen von uns zwischen dem Suchen, Ausprobieren und Erkunden auf der einen und dem Vermeiden, Kontrollieren und Bewahrenwollen des Bekannten auf der anderen Seite. Beide Pole haben ihre Berechtigung, und jeder Mensch muss seine eigene Balance zwischen diesen beiden konkurrierenden Kräften in sich finden. Gewinnt die Vernunft diesen Kampf jedoch vielleicht zu oft in unserer von Rationalität geprägten Informationsgesellschaft? Werden unsere Gefühle unterdrückt, fehlt es an Fantasie, Neudenken sowie der Bereitschaft umzudenken? Sind wir deshalb für individuelle und daher unübliche Gedankengänge zu blockiert? Die Evolution hat uns den Verstand und die Fähigkeit zum Angsterleben gegeben, um Gefahren erkennen und ihnen ausweichen zu können, denn das Unbekannte könnte gefährlich sein! Aber ohne den Mut, manchmal auch das Risiko einzugehen, etwas zu unternehmen, das wir nicht ganz verstehen oder kennen, das heißt, dessen Konsequenzen nicht von Anfang bis Ende ersichtlich sind, gäbe es keine persönliche Weiterentwicklung und keinen Fortschritt.

Eines Abends lag ich lesend im Bett (dreimal dürfen Sie raten, worum es in dem Buch ging!), suchte dann nach einem Kugelschreiber und grub in meiner Nachttischschublade herum. Ich fand keinen Stift, wohl aber den mittlerweile vergessenen Zentimeter. Er hätte zu keinem besseren Zeitpunkt wieder auftauchen können. Den ganzen Tag hatte ich erfolglos versucht, den Eingangskorb meiner E-Mails, der überzulaufen drohte, in den Griff zu bekommen. Die Kontrolle über meinen Alltagsstress drohte mir aus der Hand zu gleiten. Ich fragte mich, wo das alles hinführen sollte. Die Menschen um mich herum und auch ich selbst arbeiteten alle sehr hart an dem, was man Karriere nennt. Für mich hatten diese operative Hektik und das unaufhörliche Streben nach

»mehr« zunehmend etwas mit dem pausenlosen Lauf in einem Hamsterrad gemein. Alle strebten wir nach Komfort und Reichtum. Dabei wurde die Zeit für uns selbst, für die Familie, für Freunde zu einem seltenen Luxusgut. Aber Genuss braucht Zeit, die wir kaum noch dafür zur Verfügung hatten. Wir schienen das Leben aus Gewohnheit zu leben. Effiziente Routine beherrschte unseren Alltag – Gelegenheit zum Müßiggang gab es kaum noch. Wollte ich wirklich so den Rest meiner Tage verbringen? Wo waren meine Glücksgefühle abgeblieben? Das Leben vergeht so schnell, sollte ich da nicht etwas langsamer gehen?

Ich drehte den winzigen Zentimeter zwischen Daumen und Zeigefinger vorsichtig hin und her, während ich ihn genau betrachtete. Meine Gedanken machten sich selbstständig und führten ein Selbstgespräch mit dem kleinen Schnipsel. Ein fehlender Zentimeter im Lebenslauf, wäre das ein verlorener Zentimeter? Oder könnte er zu etwas Besserem führen? Könnte so ein Ausstieg nicht auch ein Einstieg in ein Leben mit befreiend erweitertem Erfahrungshorizont werden? Anstatt auf das Glück zu warten, damit es uns durch Zufall findet, müssen wir es uns wohl eher durch harte Arbeit erkämpfen, indem wir Probleme und Veränderungen als Herausforderungen sehen und diese zu Erfolg verwandeln. Es gibt kein objektives Glück; wir müssen uns selbst glücklich machen. Der Schlüssel dazu liegt in uns selbst. Doch Glück hat leider keine Beständigkeit, sondern im Gegenteil eine extrem kurze Halbwertszeit; es muss immer wieder neu geschaffen werden. Es ist ein Abenteuer, Glück durch selbst gesetzte realistische Ziele immer wieder neu aus den unterschiedlichsten Perspektiven zu erleben. Ich glaube, man muss sich durch ein Projekt arbeiten, mit unvorhergesehenen Ereignissen rechnen, auf das Ziel fokussiert bleiben, um so schließlich eine Befriedigung erringen zu können. Insofern hat das Erleben von Glück auch mit Disziplin zu tun.

Ich starrte immer noch den Zentimeter an und sah vor meinem geistigen Auge das türkise Meer und eine paradiesische Palmeninsel und malte mir aus, was geschehen würde, falls mich das Blauwassersegeln wirklich so sehr faszinierte, dass ich gar nicht mehr an Land zurückkehren wollte. Wir haben einen Freund, der einmal gesagt hat, er wolle das Blauwassersegeln lieber gar nicht ausprobieren, denn er habe Angst, es so zu genießen, dass er nie mehr in einen normalen Alltag zurückkönne.

»Besser, es nicht zu wissen ...«, murmelte er, während er in seinem Büro mit dem Gestus großer Wichtigkeit bedeutungsvolle Papiere von einem Haufen zum anderen schob. Nachdem wir das Blauwassersegeln ja nun gewagt haben und seit einiger Zeit versuchen, uns wieder an unser altes Leben zu gewöhnen, muss ich zugeben, er hatte nicht unrecht.

Entschlossen schüttelte ich alle meine verrückten Träume ab, warf den kleinen Zentimeter in seine Schublade zurück und schloss sie mit einem lauten Ruck. Was für eine blöde Idee! Blauwassersegeln! Das Paradies ist sowieso kein geografischer Ort mit einer Position mit Breiten- und Längengrad. Und gäbe es ihn, er wäre überfüllt! Dann meldete sich der Ingenieur in mir zu Wort: Ist das Leben nicht wie elektrische Spannung? Es muss einen Minuspol geben, um einen Pluspol zu erzeugen. Dabei geht es um das Potenzial, denn eine absolute Spannung gibt es nicht. Ich begann das zu sehen, was die Chinesen Yin und Yang nennen. Nicht einmal Glück schien ohne Trauer, Angst, Herausforderungen und Schmerz zu existieren. Während der darauffolgenden Wochen sprachen Karolina und ich viel über unsere Lebenssituation und unsere zukünftigen Möglichkeiten. Es dauerte nicht lange, bis uns beiden klar war, dass wir unbedingt eine Veränderung wollten, selbst wenn uns damit schwierige Zeiten, harte Arbeit, wenig Geld und das Risiko des Unbekannten bevorstünden. Unsere Träume begannen sich zu formen und wurden immer konkreter. Wir sprachen plötzlich anders miteinander und fragten uns immer öfter: »Wie wäre es, wenn wir es so angehen würden ...«, statt uns in zermürbenden Diskussionen über mögliche Gründe, warum wir es nicht probieren sollten, im Kreis zu drehen. Gleichzeitig vermieden wir es, mit der Familie und Freunden über unsere immer konkreter werdenden Fantasien, Ziele und Wünsche zu sprechen. Sie würden uns sowieso nicht verstehen.

An einem kühlen Herbsttag erfanden wir ein neues Spiel: Wie würde es sich anfühlen, falls wir eine bestimmte Woche festlegten für den

Ausstieg? Noch war es nur ein Wunschtraum! Wann wäre der beste Zeitpunkt? Wir wollten sicher nicht mit Teenagern an Bord lossegeln. Ein Jugendlicher auf der Schwelle zum erwachsenen Leben ist lieber mit Freunden zusammen anstatt mit seinen Eltern auf einem langweiligen Boot, wo es absolut keine Abwechslung gibt. Also müssten wir vor dem dreizehnten Geburtstag unserer Tochter Jessica zurück sein. Auf der anderen Seite hatten wir noch viel vorzubereiten. So stellten wir uns vor – es war schließlich nur eine Gedankenübung –, wir könnten lossegeln, sobald Jessica elf Jahre alt wäre. Unser Sohn Jonathan wäre dann neun Jahre alt beim Ablegen. Wir nahmen ein neues Maßband, hängten es an die Wand und entschieden, dass jeder Zentimeter darauf eine Woche bis zum Beginn unseres Abenteuers festlegte. Die Schere ging hoch und runter, bis wir bei 87 Zentimetern stehen blieben und den Entschluss fassten, dort zu schneiden. Fertig? Achtung: eins … zwei … drei … Schnitt! Am Ende jeder Woche versammelten wir vier uns vor dem aufgehängten Maßband und knipsten einen weiteren Zentimeter ab. Plötzlich wurde alles erschreckend real: Unser Leben bis zum Tag X verstrich alarmierend schnell, und Woche für Woche wurde es kürzer! Die Tage flogen dahin, und wir standen nur da und schauten zu.

Ich glaube, das war der Zeitpunkt, als wir mit dem Träumen aufhörten und mit dem Planen begannen. Unser Leben hatte ein neues Ziel mit einem festen Datum. Ab sofort lebten wir in zwei parallelen Welten: Wir erfüllten die Ansprüche unseres Alltags, während unser Projekt gleichzeitig immer größere Aufmerksamkeit verlangte. Das war nicht immer einfach, aber es machte Spaß. Wir fühlten uns plötzlich so lebensfroh wie nie zuvor, es ging vorwärts, und vor allem: Es war keine Flucht, wir liefen nicht vor etwas weg, um uns im Paradies auf einer karibischen Insel zu verstecken. Was wir suchten, war der Atem des Lebens: das Auf und Ab, Stürme und Flauten, Natur und Zivilisation, Land und Meer, Menschen und Einsamkeit. Zudem wünschten wir uns, bessere Segler zu werden und als Familie noch mehr zusammenzuwachsen.

Mehr und bewusst Zeit mit den Kindern zu verbringen war deshalb ein wichtiger Bestandteil unseres Projektes. Hatten wir nicht die Pflicht, ihnen so viel wie möglich von dieser Welt zu zeigen? Wir woll-

Udo A. Hafner / Torsten Moench
Hausboote
Leben auf dem Wasser – Typen • Technik • Konstruktionen
ISBN 978-3-7688-3570-1

»Hausboote« sind eine Welt für sich. In diese eigene Welt führt unwiderstehlich dieses bunt bebilderte Buch. Es informiert umfassend über »Typen, Technik, Konstruktionen« dieser schwimmenden Domizile und animiert dazu, doch selbst ein Leben auf dem Wasser in Betracht zu ziehen.

So romantisch ein derartiges Heim auch ist, es wirft doch auch jede Menge praktischer Fragen auf. Zum Beispiel die Raumplanung, die Wahl des richtigen Außenbordmotors, die Entscheidung für die passende Rumpfform, die Beschäftigung mit der Energieversorgung an Bord des Hausbootes. Nichts ist lehrreicher als das lebendige Beispiel. Und so werden 20 wasserdichte Projekte, von der kuscheligen Holzhütte bis hin zur luxuriösen Villa detailliert vorgestellt.

Erhältlich im Buch- und Fachhandel oder unter www.delius-klasing.de